절 수행 입문

절.수.행.입.문

대한불교조계종 교육원 불학연구소

차 례

수행법 입문서의 간행을 맞아 - 교육원장 청화 _ 6
《절 수행 입문》을 펴내며 - 불학연구소장 현종 _ 9

제1장 절 수행이란 무엇인가
    1. 절 수행의 의미 _ 14
    2. 절 수행의 특징 _ 21
    3. 절 수행의 역사와 현황 _ 26

제2장 경전 속에 나타난 절 수행
    1. 절의 의미와 대상 _ 32
    2. 절의 종류와 방법 _ 36
    3. 절 수행의 공덕 _ 47

제3장 절은 어떻게 해야 하나
    1. 절하는 마음가짐 _ 56
    2. 절 수행의 절차 _ 60
    3. 절하는 장소 및 준비사항 _ 62
    4. 절하는 법 _ 65

제4장 여러 가지 절 수행법

 1. 절하면서 참회하는 법 _ 81
 2. 절하면서 화두 드는 법 _ 84
 3. 절하면서 수를 헤아리는 법 _ 86
 4. 절하면서 염불하는 법 _ 88
 5. 절하면서 심신을 관하는 법 _ 91
 6. 절하면서 사경하는 법 _ 93

제5장 절 수행은 어떤 효과가 있나

 1. 열 가지 뛰어난 공덕 _ 98
 2. 수행으로서의 효과 _ 100
 3. 정신적·육체적 효과 _ 103

부록

 절 수행 체험기 _ 110
 예불대참회문 _ 123

수행법 입문서의 간행을 맞아

　21세기에 접어들면서 수행, 명상, 웰빙에 대한 일반 대중의 관심이 높아가고 있습니다. 우리는 1960년대 이후 급속한 경제 성장을 거치며 물질적인 면에서 상당히 풍요로워졌습니다만, 그것이 곧 마음의 평안과 행복을 보장해주는 것이 아니라는 것을 알았습니다.

　2,600여 년 전에 석가모니 부처님께서는 왕자로 태어났음에도 보장된 온갖 부귀영화를 버리고 생로병사를 해탈하는 진리를 찾아 떠나셨습니다. 그리하여 마침내, 자기 안에 본래 갖추어진 영원한 대자유의 길을 깨치게 되었습니다.

　부처님께서는 생사의 괴로움을 영원히 해탈하기 위해선 수행을 통하여 스스로 깨달아야 한다는 것을 가르쳐주셨습니다.

　생로병사의 괴로움을 겪으며 대립과 갈등이 일상화되어 있는 이 세계에서 영원한 대자유를 성취하고 평화와 화합을 실현하려면 수행하지 않으면 안 됩니다. 이 깨달음의 길은 말과 문자만으로는 도달할 수 없으며, 오직 직접 실천해야 합니다.

이 《절 수행 입문》은 최근에 관심이 높아가는 절 수행의 바른 지침을 조계종 차원에서 제시하고자 만들었습니다. 수행에 대한 대중의 관심은 높지만, 불교 수행을 바르게 안내할 지침서가 매우 드문 것이 현실입니다. 이 책은 지난해 《간화선 – 조계종 수행의 길》《간화선 입문》에 이어 종단이 추진하고 있는 조계종 수행입문 시리즈의 두 번째라 할 수 있습니다.

절은 불자가 아니더라도 누구나 할 수 있습니다. 하지만 이 절이 일상에서 마음의 평화와 자유를 실현하면서 나아가 생로병사를 해탈하는 견성성불에까지 이르는 수행이 되려면, 먼저 불교를 바르게 이해하여 정견正見을 세워야 합니다. 불교란 무엇이며, 불교 수행이 우리 삶에 어떤 도움이 되는지를 바르게 알아야만 수행을 잘 할 수 있습니다.

불교 수행은 연기·무아를 깨달아 생로병사를 해탈하는 부처가 되는 것이 목표입니다. 연기·무아로 가는 수행이라면 모두 불교 수행입니다. 그 중에서 절은 남을 공경하고 자기를 비우는 훌륭한 수행법입니다. 자기 내면의 갈등이든 밖의 갈등이든 모든 갈등에는 아상我相이 자리잡고 있습니다. 이 '나'라는 집착을 비워야 내 안에 평화를 발견하며 세상의 갈등도 풀어 나갈 수 있습니다. 절은 '나'에 대한 집착을 비우고 하심下心하며 마음의 평안을 실현하는 데 탁월한 수행법입니다. 더구나 절 수행은 화두를 참구하면서도 할 수 있으며 염불, 주력, 사경, 위빠사나 등과 병행할 수 있다는 데 그 특색이 있습니다.

이 책이 나오기까지 고생하신 교육원 내 스님들과 연구원, 실무자들께 감사의 뜻을 표합니다. 《절 수행 입문》이 절을 하려는 불자와 일반인 누구에게나 좋은 길잡이가 되길 바라며, 앞으로 다른 수행법 입문서들도 원만히 발간되길 바랄 뿐입니다. 성불하십시오.

불기 2550(2006)년 8월
대한불교조계종 교육원장 청 화

《절 수행 입문》을 펴내며

　수행에 대한 관심과 필요성이 점점 보편적인 공감을 얻어가는 요즘입니다. 불자들뿐 아니라 일반인들 사이에서도 마음 수행과 몸의 건강에 대한 관심이 높아지면서, 몸과 마음을 스스로 다스리고 이를 통해 일상생활 속에서 마음의 평화와 행복을 얻고자 그 방법을 찾는 사람들이 늘고 있습니다. 다양한 수행·수련 프로그램들이 계속 창안되고 있으며 불교의 수행법을 활용해 다른 시각으로 접근하는 수행법들도 있습니다. 이러한 변화 속에서 종단은 부처님의 가르침을 바탕으로 사부대중에 의해 오랫동안 이어져 온 수행법들을 체계화하고 재정립할 필요성을 느끼고 연구를 진행해 왔습니다.

　지난 2005년, 교육원에서는 조계종에서 주요하게 행해지는 수행법 10가지를 선정해 연구를 진행, 그 결과물로 《수행법 연구》 보고서를 펴낸바 있습니다. 절, 염불, 주력, 사경, 간경, 사불, 계율 및 참회 수행법, 위빠사나, 대승불교의 지관 수행법 등이 그것입니다. 교육원은 이 연구보고서를 바탕으로 좀 더 실질적인 지침을 담아 수행을 시작하는 사람에게 도움이 될 수 있도록 조계종 수행입문 시리즈를 준비해 왔습니다. 포교원에서 발간한 《간화선 입문》을 시작으로 하여 이번에 그 두 번째로 교육원에서 《절 수행 입문》을 내놓았습니다.

　절 수행은 불교의 여러 수행법 중에서도 가장 대중적인 수행법인 만큼 방법이나 자세도 다양하게 행해지고 있습니다. 본 입문서에서는 경전을 바탕으로 절 수행의 의미와 방법, 공덕을 짚어 보고 현재 조계종의 승려교육에서 정식으로 행해지고 있는 절 수행법을 소개했습니다.

　누구나 쉽게 할 수 있으며 아무리 해도 지나치지 않은 것이 절 수행입니다. 몸과 관련된 '나' 라는 상相이 다른 어느 것보다 두드러지고 현대 생활에서 오는 스트레스와 불안으로 몸과 마음이 지치고 무거울 때, 몸과 마음을 함께 닦을 수 있는 절 수행은 수행의 생활화를 실천할 수 있는 가장 가까이 있는 수행법이라 할 것입니다.

　불교에서 수행은 몸과 마음의 행복을 넘어 궁극적으로 깨달음에 이르는 것을 목표로 하고 있습니다. 지금 절 수행을 하고 있거나 하려는 불자들에게 모쪼록 본 입문서가 부처님 법으로 더 다가서는 소중한 길잡이가 되기를 바랍니다. 절을 시작으로 염불, 주력, 간경으로 이어지는 입문서들이 원만히 발간되어 많은 사부대중에게 꼭 필요한 지침이 될 수 있기를 서원합니다. 책이 잘 나올 수 있게 글을 살펴준 연구원님과 불학연구소, 조계종출판사 실무자들에게 감사의 말씀을 드립니다.

불기 2550년 8월
대한불교조계종 불학연구소장 현 종

제 1 장

·

절 수행이란 무엇인가

1
절 수행의 의미

절이란 머리를 숙여 상대방에게 존중의 예를 표하는 것으로, 예禮 혹은 예배禮拜라고도 한다. 예를 나타내는 방식은 문화에 따라 다르기 때문에 절하는 방식과 의미도 문화에 따라 차이가 있다.

우리나라에서는 절을 '인사人事'라고 한다. 사람으로서 가장 기본적으로 해야 하는 일이라는 뜻이다. 이것은 예로부터 우리 생활 속에서 절이 중시되어 왔음을 말해준다.

고대 이집트에서는 길을 가다가 아는 사람을 만나면 말없이 손을 무릎 아래까지 내렸으며, 왕 앞에서는 무릎을 굽히거나 땅에 엎드렸다고 한다. 뉴질랜드의 마오리족은 서로 손을 잡고서 코끝을 맞대어 인사를 한다.

기독교 문화권에서는 몸을 앞으로 구부리며 오른발을 뒤로 빼면서 정중하게 인사(bow and scrape)를 한다. 그리고 이슬람교에서는 액수례(額手禮, salaam)라고 하여 몸을 구부리고 오른손 바닥을 이마에 대는 형태의 절을 한다.

인도와 네팔 등의 힌두교 국가에서는 누구에게나 고개를 숙이며 합장을 한다. 그리고 성자나 연장자에게 존경심을 표현하는 경우에는 무릎을 꿇고 상대방의 발을 만진 손을 자신의 눈과 이마에 차례로 대는 인사를 한다.

불교 문화권에서는 두 손을 가지런히 모아 합장을 한다. 태국에서는 이를 와이(wai)라 하고, 라오스에서는 놉(nob)이라 부른다. 합장하고 인사함으로써 불심(佛心)에 전념하고 있음을 표현하는 것이다. 그리고 기도하는 것처럼 두 손을 가지런히 모아 상대에 대한 존중과 신뢰를 표현하고 있다. 다만 태국이나 라오스, 스리랑카 등에서는 인사하는 대상에 따라 손의 높이가 달라지는데, 존경할수록 손이 높이 올라간다. 보통은 손이 가슴 언저리까지 닿으면 되지만, 웃어른에게는 입술 근처까지, 스님이나 관료·스승에게는 눈썹까지 올려야 한다.

이처럼 절이란 우리나라나 불교만의 특징이 아니라 모든 문화와 종교에서 보편적이고 공통적인 것이다. 나를 낮추고 상대를 공경하는 데서 인간다운 삶이 비로소 시작되었을 것이다. 인간이 스스로의 능력에 한계를 느끼고 초자연적인 대상을 향하여 절하면서 부터 종교적인 마음이 싹텄다. 그래서 절은 일상적인 의례에서부터 종교적인 제의에 이르기까지 두루 행해졌다.

　이와 같이 절에는 자신을 낮추고 상대방을 존중하는 마음이 담겨 있다.

　그러면 불자들이 사찰에서 절을 하는 의미를 살펴보자.
　첫째, 부처님을 존경하기 때문이다. 부처님을 공경하는 마음과 자신도 부처가 될 수 있다는 믿음이 불교 신행의 첫걸음이며, 그 마음을 몸으로 표현하는 것이 바로 절이다.
　둘째, 자기를 비우기 위해서이다. 절을 하려면 머리와 허리를 굽혀야 한다. 몸과 마음은 서로 불가분의 관계이므로 머리를 숙이고 허리를 굽히게 되면 마음도 저절로 낮춰지고 비워지게 된다. 불교의 수행은 자기를 비우는 데서 출발한다. '나'라는 아상我相을 버리지 않고서는 진정한 수행이라 할 수 없다.
　절은 아무리 해도 지나치지 않다. 부처님을 공경하는 마음도 없고 아상으로 가득 찬 사람이라도 인연에 따라 반복적으로 절을 하다 보면 자기도 모르는 사이에 저절로 부처님에 대한 존경심이 생겨나고 자기를 비우게 된다. 공경하는 마음으로 절을 하기도 하지만 절을 함으로써 공경하는 마음이 생겨날 수 있는 것이다. 이것이 절 수행의 장점이다.

절 수행은 절을 반복적으로 하는 수행을 말한다. 이때의 절은 대개 오체투지五體投地를 말한다. 즉 두 무릎과 두 팔꿈치 그리고 이마 등 다섯 부분을 바닥에 붙인 다음 양 손을 뒤집어 수평으로 귀밑까지 들어올린다. 여기서 이마를 바닥에 붙이고 양 손을 뒤집어 귀밑까지 들어올리는 행위는 자신의 신체 중 가장 높은 이마를 바닥에 대고 가장 낮은 발에 극진한 예를 표하는 것이다. 이것은 자기를 낮추려는 하심의 표현이다. 즉 자신을 비워 부처님께 귀의하는 것이다.

그러나 단순히 몸을 굽히는 행위로 끝나고 자신을 낮추는 마음이 없으면 절 수행이라 할 수 없다. 이는 《법화경法華經》의 〈상불경보살품常不輕菩薩品〉을 보면 잘 알 수 있다.

부처님께서는 전생에 상불경보살로 수행하던 때가 있었다. 상불경보살은 어떤 중생이라도, 심지어 어린아이일지라도 존중하고 예배하여 마침내 육근六根[1]의 청정을 얻었으며 부처님을 만나 뵙고 깨달음을 이룰 수 있었다. 상불경보살이 수행하던 시기는 위음왕불威音王佛[2] 이 교화하던 시대이다. 당시는 정법正法이 쇠퇴한 시기였으므로 수행자들 대부분이 아만과 이기심에 빠져 있었다. 그런데 상불경보살은 아만심을 버리고 모든 사람들을 존중하고 예배하

---

1. 육근六根 : 인간의 여섯 가지 인식기관인 눈, 귀, 코, 혀, 몸, 의식을 말한다.
2. 위음왕불威音王佛 : 《법화경》에 나타나는 부처님으로 이 부처님 이전에 다른 부처님이 없었다고 하며, 아주 오래된 부처님의 대명사가 되었다.

는 수행을 통해 깨달음을 이루었던 것이다.

우리가 살고 있는 이 시대에도 자신의 이익과 가족의 안위만을 살필 뿐 타인의 고통을 돌아보지 않는 이들이 많으니 위음왕불이 교화하던 시대와 크게 다르지 않다고 볼 수 있다. 그러므로 이러한 시대에는 타인을 공경하고 자신을 낮추는 절 수행이 절실히 필요하다.

절 수행을 통하여 자신을 비우게 되면 결국 무아無我를 체험하게 된다. 무아란 우리가 연기로 존재하여 '나'라고 할 실체가 본래 없다는 것을 말한다. 절 수행을 바르게 하면 나와 우주 만물이 하나라는 사실을 체득하게 된다. 그러면 나와 남의 분별이 사라지고 자연스럽게 동체대비同體大悲의 마음이 생기게 된다. 이 동체대비의 마음은 괴로움에 빠진 이웃을 살피어 그들을 조건 없이 도와주는 마음을 저절로 내게 한다.

《원각경圓覺經》의 주석서인 《원각경약소초圓覺經略疏鈔》에서는 오체투지를 일러 '오개五蓋를 제거하기 위한 수행법'이라고 말하고 있다. 오개란 인간의 마음을 덮고 있는 '다섯 가지 번뇌'로 욕망·분노·혼침·들뜸·의심을 말하는데, 절 수행을 통해 이 다섯 번뇌를 제거할 수 있다고 하였다.

번뇌를 완전히 끊는 것이 불교 수행의 목표이다. 번뇌를 소멸하는 누진통漏盡通[3]을 얻어야만 제대로 된 수행이라 할 수 있다. 다른 다섯 가지 신통을 아무리 확실하게 얻었다고 해도 누진통을 얻지 못하면 궁극적인 깨달음이라 할 수 없다. 그런데 《원각경약소초》에서 오체투지를 통해 다섯 가지 번뇌인 오개를 제거한다고 밝히고 있으니, 절은 번뇌를 제거하여 깨달음에 이르는 효과적인 수행법이라 할 수 있다.

물론 절만 한다고 해서 성불하는 것은 아니다. 절이 바른 불교 수행법으로 자리잡기 위해서는 불교의 중도연기적 세계관과 가치관이 전제되어야 한다. 부처님의 가르침에 대한 바른 이해 없이 절 수행만을 강조하게 되면 자칫 육체적인 운동으로 전락될 수 있다. 따라서 부처님 법에 대한 바른 이해를 통하여 정견正見을 세우고 확고한 신심과 발심을 바탕으로 절을 할 때, 비로소 절 수행은 올바른 불교 수행법으로 자리매김할 수 있다.

한편 절은 기도·염불·사경·참회·주력과도 연결되어 수행의 효과를 증진시키는 기초 수행의 역할도 한다. 나아가 절은 자신을 비우고 삼보에 귀의하는 마음을 나타내는 가장 기초적인 수행이므로 모든 불교 수행법과 병행할 수 있다.

---

3. 누진통漏盡通 : 여래의 여섯 가지 신통력(신족통神足通, 천안통天眼通, 천이통天耳通, 타심통他心通, 숙명통宿命通, 누진통漏盡通) 중 하나로 모든 번뇌와 혹업을 끊어 생사윤회를 영원히 떠나는 신통이다.

이 밖에 절은 현대사회에서 자신의 의견을 드러내는 평화로운 방편이 되기도 한다. 한 예로 몇 년 전 전북 부안의 새만금 개발 반대를 위해 스님과 뜻을 같이한 종교인들이 3보 1배를 하여 커다란 사회적 반향을 일으키기도 하였다.

이들은 3보 1배를 통하여 대사회적인 참회와 각성을 촉구했으며, 이를 통해 대중들의 비상한 관심을 이끌어냈다. 이는 자연과 인간을 둘로 보지 않는 연기적 관점에서 자연 파괴는 우리 모두가 참회해야 할 문제임을 부각시키고, 불교정신과 절이라는 방편으로 사회의 각성을 촉구하는 계기가 되었다.

2
절 수행의 특징

불교에서 수행은 몸과 마음을 스스로 다스리고, 이를 통해 일상생활에서 마음의 평화와 행복을 찾는 것은 물론 궁극적으로 깨달음에 이르게 하는 것을 목표로 한다. 불교의 수행법에는 다양한 방법이 있는데, 그 중에서도 절 수행은 육체를 움직이면서 수행하는 것이므로 몸과 마음을 같이 닦을 수 있다.

말과 관념이 아닌, 몸을 통해 무아無我[4]를 확인하는 일은 참으로 중요하다. 생각만으로 무아를 이해하는 것이 아니라, 몸과 마음으로 무아를 체득하기 위해서는 구체적인 노력과 수행이 필요하다.

일반적으로 사람들은 상相에 집착한다. '나'라는 생각이 그 대

---

[4] 무아無我 : 고정되고 불변하는 자아는 존재하지 않는다는 것으로, 우리들의 몸과 마음이 어떠한 모양이나 실체가 없다는 것.

표적인 예일 것이다. 그러나 이 몸뚱이를 비롯하여 우주 만물의 모든 것은 영원히 변하지 않는 고정적인 실체가 없는 공(空)이다. 그런데 우리는 이 실체가 없는 몸뚱이의 형상만 보고 집착하며 살고 있다. 특히 몸과 관련된 '나'라는 상은 다른 어느 것보다 두드러진다. 요즘 '몸짱' '얼짱'이라는 말이 유행이다. 이것은 연기로 이루어져 실체가 없는 허망한 몸에 집착하는 대표적인 사례이다. 이 때문에 또 다른 고통을 받는 것이다.

절 수행은 이런 부질없는 집착들을 하나하나 몸을 통해서 비워 나갈 수 있도록 한다. 그럼으로써 물질과 욕망의 구속으로부터 벗어날 수 있다. 그런데 나라는 육신과 재산, 명예 등 모든 것은 인연 따라 모였다가 흩어지는 것임을 생각으로는 알더라도 실제로 이것을 생활에서 실천하기란 쉽지 않다. 그러므로 우리는 절 수행을 통하여 나와 남, 물질, 명예에 집착하여 짓는 온갖 죄업을 참회할 뿐만 아니라 자기를 완전히 비워 가는 정진을 해나가야 한다.

다시 말하면, 절 수행은 몸과 마음을 통해서 진짜 내가 없음을 체득하는 것이다. 지금까지 이 몸과 마음을 '나'라고 생각해 왔기 때문에 그러한 업력에 지배되는 삶을 살아온 것이다. 그런데 절 수행을 통해서 진정으로 몸과 마음을 극복하게 되면 몸과 마음으로 인한 업력에 더 이상 끌려다니지 않아도 된다.

절 수행은 잘못 길들여져 게으르고, 성내고, 욕심을 일으키는 나의 마음을 다스려 나가는 것이다. 절 수행을 통해 정진을 방해하는 유혹들을 물리칠 수 있다. 몸을 조복시키면서 입으로 부처님 명호를 부르고 마음으로 끊임없이 부처님을 생각하면, 몸과 입과 마음으로 지은 업장이 점차 소멸되고 나아가 몸과 마음이 잘 다스려지게 된다.

절 수행을 꾸준히 하면 삼매력이 증장되어 자연스럽게 반야의 지혜가 드러난다. 특히 몸과 마음을 함께 수행하는 것이 절 수행이기 때문에 수행의 효과도 오히려 빠르게 나타난다. 하심하는 마음가짐으로 부지런히 수행하다 보면 어느 순간 무아의 경지를 자연스럽게 체득하게 되고 이에 따라 몸과 마음의 변화를 분명하게 느낄 수 있다는 것이다.

불교 수행에서는 선정(定)과 지혜(慧)를 닦아야 한다. 선정을 통하여 마음이 고요하고 적적해지면 그 속에서 지혜가 나타나고, 또 지혜가 작용하는 그 마음을 비추어 보면 고요하고 적적한 상태임을 알 수 있다.

선정, 즉 삼매는 체험했지만 지혜가 드러나지 않아 번뇌를 소멸할 수 없거나, 지혜는 작용하는 것 같은데 마음을 적적한 상태로 유지하지 못한다면 이는 제대로 된 수행이라 할 수 없다.

그럼 우리 종단의 대표적인 수행법인 간화선과 절 수행법의 관계를 살펴보도록 하자. 간화선 수행과 절 수행의 관계에 대해서는 다음의 두 가지 견해가 있다. 하나는 절 수행 자체를 독립된 수행법으로 보는 입장이며, 다른 하나는 절을 간화선 수행의 보조방편으로 보는 입장이다.

간화선의 보조 방편으로 보는 입장에서도 절 수행은 대중들이 쉽게 접근할 수 있으며, 참회를 통하여 업장을 소멸하고 인욕력과 삼매력을 강화할 수 있다고 여긴다. 그러나 절 수행 자체만으로는 불성佛性을 깨닫고 반야의 지혜를 온전히 드러내기는 쉽지 않다고 생각한다. 따라서 처음에는 절 수행을 하되 어느 정도 절 수행이 익어지면 이와 병행하여 화두를 참구하는 것이 바람직하다고 보고 있다.

절은 약간의 공간과 시간만 주어지면 누구나 할 수 있기 때문에 대중들이 쉽게 다가설 수 있는 장점이 있다. 특히 절 수행은 육체적 건강과 정서적 안정을 동시에 찾아주어 운동이 부족하고 스트레스가 심한 현대인에게 적합한 수행법이라 할 수 있다.

절 수행을 하면서 경계할 일은 절을 하는 행위 자체에 집착하는 것이다. 수행은 운동과는 달라서 절의 횟수가 깨달음을 나타내는 징표는 아니다. 숫자에 집착하여 성불이라는 수행의 큰 목표를 상실한다면 이는 잘못이다. 절 수행을 하는 사람 가운데는 오히려 아상我相이 더 강한 경우가 종종 있는데, 이는 부처님 법에 대한 바른 이해 없이 절 행위만을 반복하기 때문이다.

　절 수행을 꾸준히 하다 보면 심신의 안정과 함께 삼매력이 생기고 또 삼매력이 증진된다. 삼매력이 증진되면 이에 따라 지혜가 드러나기 마련이다.

　이와 같이 절 수행은 자기를 비워 무아로 돌아가는 훌륭한 수행 방법이며, 아울러 절을 하면서 화두를 들거나, 염불·주력·관법, 사경 등 여러 수행을 병행할 수 있다는 데에 그 특징이 있다.

3
절 수행의 역사와 현황

우리나라의 절 수행은 불교의 전래와 더불어 시작되었다고 말할 수 있다. 그러나 엄격한 의미에서 예불, 예경의 의미만이 아닌 참회법이 동반된 절 수행의 형태는 6세기경부터라고 할 수 있다. 왜냐하면 중국의 양대(梁代, 507~557) 이후 많은 예참문이 만들어져서 성행하였으며, 양나라는 백제와 교류가 활발했으므로 그 영향이 우리나라에도 미쳤을 것으로 추정되기 때문이다.

절 수행에 관한 역사적 사료로는 고려 중기의 원묘 요세(圓妙了世, 1163~1245) 국사의 '53불 예참'에 관한 다음과 같은 기록이 있다.

《묘종경(妙宗經)》을 강설하다가, "이 마음이 부처가 된다(是心作佛). 이 마음이 곧 부처이다(是心是佛)"라는 대목에 이르러서 마음에 크게 계합하였다. 이후로는 《묘종妙宗》5을 설법하기 좋아하여 언변과 지혜가 막힘이 없었고, 여러 사람에게 권하여 참회를 닦기를 간절하고 지극하고 용맹스럽게 하여 매일 53 부처님에게 열 두 번씩 예경禮敬하고, 비록 모진 추위와 무더운 더위라도 한 번도 게을리 한 일이 없으니, 승려들이 서참회徐懺悔라 불렀다.

— 최자 찬, 〈만덕산백련사원묘국사비명〉, 《동문선》 제117권

원묘 요세 국사는 고려 중기에 천태종을 중흥한 스님이다. 원묘 요세 국사는 한때 보조 지눌普照知訥(1158~1210) 국사의 정혜결사定慧結社에 참여하기도 하였으나, 약사난야藥師蘭若에 머물며 절을 수리하고 지관止觀 수행을 하여 천태의 묘리를 깨닫게 된다. 후에 강진의 백련사에서 보현도량을 열고 법화참을 닦았다.

위의 기록을 보면 원묘 요세 국사가 약사난야에 머물면서 53불 예참을 하였다는 것을 알 수 있다. 하루에 53불에게 각각 열 두 번씩 절을 했다면 하루에 636배씩 절을 한 셈이다.

이처럼 절 수행은 부처님에 대한 예불 및 참회법과 밀접한 관

---

5. 묘종妙宗 : 중국 송나라의 천태종 사명 지례(四明知禮, 960~1028) 스님이 지은 《관무량수불경소묘종초觀無量壽佛經疏妙宗鈔》의 약칭으로 《묘종초妙宗鈔》라고도 한다. 《관무량수경觀無量壽經》에 대한 천태종 계통의 주석서이다.

런이 있기 때문에 역사적으로 다불신앙多佛信仰과 함께 출현했다고 생각할 수 있다. 누구나 깨달을 수 있고 깨달은 자가 부처이기 때문에 석가모니 부처님 이전이나 혹은 이후에 수많은 부처님이 출현해 왔다. 그래서 경전에는 석가세존 외에도 많은 부처님의 명호가 나타나고 있는 것이다.

　이러한 과거불·현재불·미래불에 대한 신앙은 인도를 거쳐 중국과 우리나라에 전래되었고, 우리나라의 사료를 통해서도 53불·천불·만불 신앙의 일단을 살펴볼 수 있다. 이 중 특히 53불 신앙은 유점사 53불 도래설화渡來說話, 신라 안흥사의 53종 회불繪佛과 함께 요세 국사의 53불 예참에 관련한 위의 자료 등이 남아 있다.

　조선시대에 와서 배불排佛 정책으로 인하여 산중에 은거한 불교는 이런 수행 전통을 크게 발전시키지는 못했지만 선대先代의 신행信行을 면면히 이어왔을 것이다. 이는 오늘날 의식집인 《석문의범釋門儀範》의 예참례禮懺禮 등에 '삼천불조三千佛祖 오십삼불五十三佛' 등 여러 부처님의 이름이 많이 나타나는 데서 확인할 수 있다.

　조선시대 불교는 왕실과 귀족 등 상류사회에서는 중요한 신앙적 위치를 상실했지만 소외받고 억압받던 여성과 민중들 사이에서 유행하였다. 서민불교, 민중불교의 모습을 띠었던 조선시대의 불교는 특히 여성 불자를 중심으로 한 멸업참회滅業懺悔와 기도 방편으로 절 수행이 이어져 왔다.

그렇다면 오늘날 불자들은 절 수행에 대해서 어떻게 생각하고 실천하고 있는가?

최근 조계종 포교원의 〈신도 수행의식 설문조사 보고서〉에 의하면, 신도들이 '가장 자주 실천하는 수행법'으로 참회기도를 들었다. 전체 조사 대상의 32.3%가 참회기도를 하고 있는 것으로 조사되었다. 여기서 말하는 참회기도란 108배 내지는 3000배의 절 수행을 포함한 것이다. 그리고 불자들이 '가장 중요한 수행법'이라고 생각하는 것으로 참선이 43.3%, 절을 통한 참회기도가 37.1%로 나타났다. 이처럼 불자들이 절 수행을 통한 참회기도를 가장 많이 하고 있음을 알 수 있다.

일상적으로 불자들은 사찰에 가면 으레 합장하고 절을 하기 마련이다. 보통 기도 기간이거나 정진법회 때 절 수행을 많이 하고 있다. 또한 주말이나 월초, 월말 혹은 일정한 기간과 시간을 정하여 대중이 모여 참회기도의 형태로 절 수행을 체계적으로 하고 있는 사찰도 많다.

최근 들어 마음 수행에 대한 일반인들의 관심이 증가하면서 불자들 사이에도 수행에 대한 관심이 고조되고 있다. 이러한 시대적 변화와 불교 외적 수행법의 유행에 대응할 수 있는 불교적 수행법의 하나로 주목받고 있는 것이 누구나 쉽게 할 수 있는 절 수행이다.

제2장

경전에 나타난 절 수행

1
절의 의미와 대상

불교에서 절을 하는 예경의 대상은 구체적으로 무엇일까? 다음 경전의 구절을 통해 알 수 있다.

> 지금 모든 부처님·보살·부모·아라한·벽지불께 예를 올립니다. 모두 최상이고 위 없고 밝음 중에서도 밝음이고 견줄 바 없고 또한 비할 데 없는 분께 예를 올려서…(후략)
> ― 《삼만다발타라보살경》〈원락품〉

제가 이제 일체의 부처님의 한 길 여섯 자 몸 법신에게 예배하고 또 불탑에 예배합니다. 태어나신 곳과 득도하신 곳과 법륜을 펴신 곳과 열반하신 곳과 다니고 머물고 앉고 누우신 그 모든 곳에 다 예배합니다.

— 《문수사리문경》 상

부처님 법 중에 나이가 어린 비구는 나이 많고 오래 수행한 비구를 마땅히 공경해야 한다.

— 《대반열반경》 제6권

이와 같이 불교의 예배 대상은 불·법·승 삼보三寶와 기타 불탑과 부처님의 유적遺跡, 부모 등으로 나타나고 있다. 또 나이 어린 비구가 나이 많고 오래 수행한 비구에게 예를 올려야 한다고 말하고 있다.

《육방예경六方禮經》에서는 절의 의미와 대상에 대하여 다음과 같이 이야기하고 있다.

시가라월이라는 한 장자가 여섯 방향에 예경禮敬하자 부처님께서 그 이유를 물었다. 그러자 시가라월은 단지 아버님의 유훈일 뿐 그 이유는 모른다고 하였다. 그러자 부처님께서 각 방향에 예경하는 의미를 설해주셨다. 동방에 예경하는 것은 부모를 위한 절이며, 남방에 예경하는 것은 스승을 위한 절이며, 서방에 예경하는 것은 아내를 위한 절이며, 북방에 예경하는 것은 친척과 친구를 위한 절이며, 땅을 향해 절하는 것은 아랫사람을 위한 절이며, 하늘을 향해 절하는 것은 사문이나 수행자를 위한 절이라고 말씀하셨다.

이처럼 불교의 절은 일차적으로 불보살이나 불탑 등에 대한 예경이지만 근본적으로 자기 자신을 위해 도움을 주는 세상 모든 것에 대한 감사의 표현이다. 부처님께서는 연기법을 통하여 모든 사물이 더불어 존재한다는 것을 밝혀주셨다. 모든 사람과 사물은 서로서로 의지하여 존재하므로 모든 사람과 사물에 감사하는 마음을 지니는 것은 당연한 일이다.

그리고 참회를 할 때에는 증명법사에게 공경과 참회하는 마음을 가지고 절을 올려야 한다.

소승참小乘懺은 반드시 대비구大比丘를 부르고 대중스님들에 증명證明을 구하기 위해 오법五法을 갖추어야 하는데, 처음은 편단우견偏袒右肩, 둘은 우슬착지右膝着地, 셋은 합장合掌이고, 넷은 죄명罪名을

> 설하는 것이고, 다섯은 예족禮足이다. …(중략)…
> 대승 또한 작법作法이 있으니 …(중략)… 먼저 엄숙
> 하게 도량을 깨끗이 하고, 향을 땅에 뿌리고, 실내
> 에 둥근 단을 지어서 채색하고, 오색번을 걸고, 해
> 안향海岸香을 태우고, 높은 자리를 펼치고 24존상尊
> 像을 청하여…(후략)
>
> ― 《원각경약소초》 제2권

　　위 인용문은 도량을 장엄하는 법과 함께 참회를 위해 절하는 법에 대해 자세히 묘사하고 있다. 우선 오른쪽 어깨를 드러내고, 오른쪽 무릎을 땅에 대고 왼쪽 무릎을 세워 호궤좌胡跪坐를 취하고 합장한다. 그리고 참회의 죄명을 이야기하고, 오체투지하여 증명법사의 발에 예를 표하는 것으로 되어 있다.

　　경전을 통해 살펴본 절은 불보살이나 불탑 등에 대한 예배, 선지식과 나이 많고 오래 수행한 승려에 대한 공경 및 참회의 표시로 행해졌으며, 또한 법에 맞게 행해졌음을 알 수 있다. 뿐만 아니라 절은 부모·스승·친구, 그 밖의 모든 대상에 대한 존경과 찬탄의 표시이자 자신을 비우는 구체적인 실천이다.

2
절의 종류와 방법

(1) 절의 종류

　불교 경전에서 절은 구체적으로 어떻게 설명되고 있는지 살펴보자.

　먼저 《근본설일체유부비나야잡사》에서는 이렇게 말한다.

> 부처님께서 우바리에게 말씀하셨다.
> "그렇게 예경을 하지 않느니라. 대체로 입으로 '내가 이렇게 경례합니다'라고 하는 것은 다만 입으로 존경한다는 업을 짓는 것이요, 혹 때로 몸을 굽히면서 입으로 인사를 하더라도 이것이 비록 예경이라고는 하나 완전한 것은 못 된다. 우바리야!

> 나의 법에는 두 가지 경례가 있다. 하나는 오체를 땅에 붙이는 것이요, 둘째는 두 손으로 장딴지를 만지는 것이다. 어떤 경우에나 모두 입으로는 '내가 이제 경례합니다'라고 하면 상대방은 '잘 있었느냐' 하는 것이다. 이와 같은 것이 아니면 모두 법을 어기는 죄가 되느니라."
>
> ─《근본설일체유부비나야잡사》 제15권

우바리 존자는 부처님의 십대제자 중 한 분으로 계율을 가장 잘 지켜 지계제일持戒第一이라 불렸다. 부처님께서는 우바리 존자에게 절을 하되 법에 맞게 해야 한다고 하시며, 법에 맞게 절하는 방식으로 두 가지를 말씀하신다. 그 하나는 오체투지이고 다른 하나는 호궤좌로 몸을 구부려 장딴지를 잡는 것이다.

또《대지도론》에서는 공경하는 마음의 경중에 따라 절을 세 가지로 나누고 있다.

> 사람의 몸 가운데 가장 귀한 것이 머리이니, 다섯 가지 감정이 매인 곳이며 가장 높은 곳에 있기 때문이다. 발은 가장 천하니, 더러운 곳을 밟기 때문이며 가장 아래에 있기 때문이다. 그러므로 가장 귀한 것으로 가장 천한 것에 절을 한다. 또

상·중·하의 절이 있으니, 하의 절은 합장하는
것이요, 중의 절은 꿇어앉는 것이며, 상의 절은
머리를 숙여 발에 절하는 것이니 이것이 최상의
공양이다.

— 《대지도론》 제10권

예禮를 올리는 데는 세 가지가 있다. 첫째는 말로
하는 예요, 둘째는 무릎을 꿇고 머리는 땅에 대지
않는 예이며, 셋째는 머리를 땅에 대는 예이니 이
것이 최상의 예배이다. 사람의 몸에는 머리가 맨
위가 되고 발이 맨 아래가 되니 머리로 발을 향해
예배하는 것은 극진히 공경한다는 표시이다.

— 《대지도론》 제100권

    위의 내용을 종합해 볼 때 절의 종류로 말로 하는 것, 합장, 무릎을 꿇고 꿇어앉는 장궤좌長跪坐 또는 호궤좌胡跪坐, 오체투지 등을 들고 있음을 알 수 있다.
    인도에서는 특히 발을 천하고 더러운 것으로 여기는데, 거기에 가장 존귀한 머리를 갖다 댐으로써 최고의 예경을 표하는 것이다. 이는 자신을 낮추고 상대방을 공경하는 마음이 없이는 불가능하다.

절이란 몸과 마음으로 하는 것이다. 몸을 통하여 하는 절이 형식이라면 마음으로 하는 절은 내용이라고 할 수 있다. 형식만 있고 내용이 없다면 공허한 것이다. '절하는 마음가짐'에 따라 절의 내용이 달라지기 마련이다.

《법원주림法苑珠林》 제20권에서 늑나마제 삼장은 '절하는 마음가짐'에 따라 절을 일곱 가지 예법으로 분류하고 있다.

① 아만교심례我慢憍心禮 : 공경하는 마음이 없이 형식적으로 절하는 것이다. 겉으로 보기에는 공경하는 체하지만, 존경하는 마음이 전혀 없이 오히려 상대방을 업신여기는 절이다.

② 창화구명례唱和求名禮 : 교만한 마음은 없으나 게으른 마음으로 대충대충하는 절이다.

③ 신심공경례身心恭敬禮 : 부처님이 바로 눈앞에 계신다고 여기고 부처님 명호를 부르면서 그 소리를 듣고 몸과 마음을 다하여 절하는 것이다.

④ 발지청정례發智淸淨禮 : 마음이 밝고 예리하여 법계法界[6]를 깊이 알고 마음에 장애가 없는 청정한 상태에서 예배를 올리

---

6. 법계法界 : 전 우주의 존재법과 진리가 표출된 세계로 우주 만법의 본체인 진여眞如를 말한다. 법계는 현실 그대로의 세계의 의미뿐만 아니라 그렇게 존재하게 하는 이 전 우주의 존재를 법, 즉 진리의 표출이라는 의미로 진여眞如 또는 법성法性으로 보기도 한다.

는 것이다. 마음이 비고 장애가 없어 한 부처님께 절하는 것이 일체 부처님께 절하는 것과 같다. 한 번 절하고 한 번 일어남이 가장 높고 훌륭하다. 청정한 업이 무궁하고 그 과보가 무한하다.

⑤ 변입법계례遍入法界禮 : 수행자가 자기의 몸과 마음 등을 관觀하면서 하는 절이다. 그래서 절하는 나 자신이 법계를 떠나지 않는다. 이미 내 몸이 법계에 두루하므로 부처님도 두루하시다. 모든 것이 상응하고 있으니 하나에 지극 정성으로 절하면 모든 부처와 중생에게 절하는 것과 같다.

⑥ 정관수성례正觀修誠禮 : 자기 자신이 부처임을 밝혀 다른 경계와 다른 부처를 반연하지 않으면서 절하는 것이다. 비록 중생의 삶으로 미혹되어 윤회하고 있지만 본래 나 자신은 부처이다. 그러므로 자신이 본래 부처임을 관하면서 절하다 보면 불성자리에 이르게 된다.

⑦ 실상평등례實相平等禮 : 위의 정관수성례의 대의와 같다. 다만 예가 있을 뿐 범성凡聖이 따로 없다. 부처와 중생을 가르지 않으며 똑같이 평등한 자리에 서 있다.

이와 같이 '아만교심례'부터 '실상평등례'까지 수행의 깊이에 따라 절하는 마음가짐이 달라지는 것을 볼 수 있다.

아만교심례와 창화구명례는 제대로 된 절 수행의 모습은 아니다. 형식적으로 절을 하긴 하지만 신심信心을 발하여 수행하지는 못하고 있다. 신심공경례는 몸과 마음으로 함께 공경하며 절해야 함을 말하고 있으며, 발지청정례는 절을 통해 발심을 일으켜 지혜를 증득해야 한다는 점을 잘 보여준다. 변입법계례는 절을 통하여 진리의 세계로 곧장 들어간다는 점에서 절이 깨침과 무관하지 않음을 잘 보여주고 있다.

그리고 정관수성례는 바르게 관하고 그 정견에 의거하여 정성스럽게 절하는 것을 말한다. 이는 절이 단순히 몸을 굽혔다 펴는 운동이 아니라는 점을 보여준다. 즉 절 수행자가 정견正見을 갖추고 절을 했을 때 그것이 깨달음에 이르는 수행이 될 수 있는 것이다. 또한 실상평등례는 우주 전체가 모두 평등한 자리에서 절을 하는 것이다. 일미평등一味平等한 세계는 불교가 지향하고자 하는 지극히 평화롭고 조화로운 세계이기 때문이다.

이렇게 절 수행은 단순히 운동이나 사회적인 관습으로서의 절이 아니다. 거기에는 정견을 갖추어 자기를 비우고 무아를 체득하고자 하는 구체적인 서원이 담겨 있다.

(2) 절의 방법

불교 경전에는 절하는 방법을 어떻게 설명하고 있을까?

우선 《금강경》에는 절하는 방법에 대해서 다음과 같이 설명하고 있다.

> 때가 되자 대중 가운데 있던 수보리 장자가 일어
> 나 오른쪽 어깨를 드러낸 옷차림으로 오른쪽 무릎
> 을 땅에 대고 합장하고 공경하는 마음으로 부처님
> 께 여쭈었습니다.
> ― 《금강경》 선현기청분 제2

또 《대당서역기》에는 당시 인도의 절하는 방법을 아홉 단계로 설명하고 있다.

> 경의를 표하는 의식에는 그 법식에 아홉 가지(단계)
> 가 있으니 첫째로는 소리를 내어 위문(慰問)하는 것
> 이고, 둘째는 머리를 숙여 경의를 표하는 것이고,
> 셋째는 손을 들어서 높게 맞잡는 것이고, 넷째는
> 손바닥을 합하여 가지런하게 맞대는 것이다. 다섯
> 째는 무릎을 꿇는 것이고, 여섯째는 길게 엎드리
> 는 것이고, 일곱째는 손과 무릎을 땅에 대는 것이
> 고, 여덟째는 오륜(두 무릎과 두 손과 이마)을 함께 구
> 부리는 것이고, 아홉째가 오체투지 하는 것이다.
> ― 《대당서역기》 제2권

위의 내용만으로 그 구체적인 방법을 추정하기는 어렵지만 현재

우리나라에서 행해지는 절과 크게 다르지 않음을 알 수 있다.
《법원주림》에서는 《십송률》에 나오는 불교의 전통적 예배방법을 다음과 같이 설명하고 있다.

> 부처님은 우바리에게 말씀하셨다. "화남(和南)은 입의 말이요, 몸을 굽히면 이것을 심정(心淨)이라 한다. 비구가 예배할 때는 자리에서 일어나 오른쪽 어깨를 드러내고(偏袒右肩), 신을 벗고, 오른쪽 무릎을 땅에 대고, 두 손을 상좌의 발에 대고 예배해야 한다.
> ― 《법원주림》 제20권

화남(和南)이란 '나무(南無, namo)'로 귀의한다는 뜻이라고 《법원주림》은 밝히고 있다. 이는 지금 인도 사람들이 '나마스 떼(namaste, 당신에게 귀의합니다)'라고 인사하는 것과 같은 의미이다.
그러나 인도 불교의 전통적인 절 방법이 편단우견과 한쪽 무릎을 구부리는 호궤좌의 방식만은 아니며 오늘날과 같은 오체투지 방식도 있었음을 알 수 있다. 《법원주림》에서는 오체투지에 대해서 이렇게 설명하고 있다.

> 지금의 서역 스님들이 예배를 할 때 발을 벗고 무

> 릎을 드러내어 먼저 바닥에 댄 뒤 팔꿈치로 바닥
> 을 누르고 두 손바닥으로 허공을 향해 발을 받드
> 는 모습을 나타내 보인다.
>
> ─ 《법원주림》 제20권

이와 같은 방법은 현재 우리나라에서 행해지는 오체투지와 크게 다르지 않다.

그렇다면 오체투지의 진정한 의미는 무엇일까? 이에 대해서는 《원각경약소초》에서 이렇게 말하고 있다.

> 오륜五輪이란 두 손과 두 무릎, 그리고 머리인데 경(《圓覺經》)에서는 땅에 붙일 때 하나하나에 발원하라고 하니, "나는 이제 부처님 전에 오륜으로 예를 올리니, 오도五道를 끊기 위해서요, 오개五蓋를 여의려는 것이며, 중생이 항상 오신통에 안주하고 오안五眼을 얻게 하려는 것이다. 원컨대 내가 오른쪽 무릎을 땅에 붙일 때 모든 중생이 정각도正覺道를 얻고(오른쪽은 수순隨順한다는 의미이므로 정각을 이루고), 원컨대 내가 왼쪽 무릎(왼쪽은 위역違逆을 뜻하므로 사견邪見을 의미한다)을 땅에 붙일 때 모든 중생이 외도外道의 사견邪見을 일으키지 않게 하리라. 원컨대

> 내가 오른손을 땅에 붙일 때 세존께서 마치 금강
> 좌에 앉으셔서 오른손으로 대지를 가리켜 진동하
> 게 하고 상서로운 감응을 나타내고 대보리를 증득
> 하시는 것처럼 하리라. 원컨대 내가 왼손을 땅에
> 붙일 때 모든 외도를 사섭법四攝法으로 섭취攝取하
> 여 정도正道에 들게 하리라. 원컨대 내가 머리를 땅
> 에 붙일 때 모든 중생이 교만을 여의고 마음이 모
> 두 무견無見의 정상頂相을 성취하게 하리라."
>
> ― 《원각경약소초》 제11권

오체투지를 할 때, 두 손과 두 무릎, 그리고 머리를 각각 땅에 대는 것은 윤회를 끊고 번뇌를 제거하여 사물을 참되게 보는 자재한 경지를 체득하기 위해서이다.

오도五道란 지옥·아귀·축생·인도·천도를 말한다. 흔히 여기에 수라를 더하여 육도六道라 하며, 윤회하는 곳을 말한다. 그리고 오개란 욕망·분노·혼침·들뜸·의심을 말하는 것으로, 사람의 참된 마음 작용을 가리는 다섯 가지 번뇌를 일컫는다. 이렇게 오체투지를 통해서 교만한 마음과 번뇌를 여의고, 자비로운 마음으로 일체 중생을 살피고, 궁극적으로 깨달음을 성취하기 위한 것이다.

그리고 호궤胡跪에 대해서는 《법원주림》에서 다음과 같이 밝히고 있다.

호궤와 장궤는 다 인도의 공경하는 의식이니 괴이할 것은 없다. 이것은 좌우의 무릎을 번갈아 꿇어앉는 것으로, 모두 계청(啓請)이나 참회하는 의식이다.

혹 두 무릎을 땅에 붙이고 몸을 똑바로 하여 합장해도 된다. 이것은 곧 상대를 우러러보며 찬탄하는 것이다.

— 《법원주림》 제20권

우리나라에서도 수계법회 및 참회나 기도 발원을 할 때 호궤와 장궤를 행한다.

3
절 수행의 공덕

경전에서 절은 불보살이나 불탑, 혹은 스님이나 부모에게 경의를 표하거나 참회를 할 때 하며, 합장하거나 몸을 구부리거나 머리를 바닥에 대는 행위로 표현된다. 또 절 수행을 통해 번뇌를 없애고, 윤회를 벗어나며, 삼매를 경험하고, 나아가 깨달음에 도달할 수 있다고 한다.

경전에서는 절 수행을 통해 다음과 같은 경지를 체득할 수 있다고 소개하고 있다.

첫째, 아상을 버리고 무아를 체득할 수 있다.

절은 불·법·승 삼보三寶나 기타 여러 대상들을 극진하게 공경하면서 아상我相을 버리고 무아無我로 돌아가기 위한 행위이다. 자신을 낮추는 하심은 끊임없는 노력으로 어느 정도 가능해지지만, 결국은 '나'라는 상相이 사라지는 무아無我의 경지에 도달해야만 진정한 하심이 가능한 것이다.

둘째, 참회를 통해 업장을 소멸할 수 있다.

절은 참회를 통해 업장을 소멸하는 구체적인 행위이다. 그런데 경의를 표함으로써 교만심을 꺾고 아상을 없앤다는 것이나 업장을 소멸한다는 것은 표현만 다를 뿐 결국 같은 의미이다.

절은 예경과 참회라는 두 가지 측면을 가지고 있다. 예경을 통해 자신을 낮추는 것이 아상을 타파하는 업장을 소멸하는 것이므로 예경이 곧 참다. 따라서 절은 자신을 낮추어 교만심을 없앰으로써 업장을 소멸하여 열반에 다가가는 것이다.

이에 대해 《법원주림》에서는 이렇게 이야기하고 있다.

> 스승과 제자는 궤도를 달리하나 돌아가는 곳은 같고, 승속僧俗은 길은 다르나 그 취지는 하나다. 그러므로 형상을 세워 참 몸을 나타내어 떳떳한 풍속을 가르치고 손가락으로 달을 가리켜 떳떳한 법으로 나아가게 하는 것이다. 다만 망령되이 아我와 대상人에 집착하여 교만의 물결에 떨어지고 업을 따라 떠돌고 있으면서 고치려 하지 않는다. …(중략)… 그러므로 큰 성인은 자비로 교화하여 유도하니 모든 수행 가운데 요체는 예배하고 참회

하며 도를 닦는 것보다 더한 것이 없다. 그러므로 용수보살의 《십주론十住論》에 "보살에게는 낮과 밤에 각각 삼시三時가 있으니 이 육시六時에 시방 모든 부처님께 예배하여 참회하고 권청하며 수희하고 회향하면 아유월지阿惟越地[7]에 이른다"고 하였으니 이에 의해 수행하면 불퇴위不退位를 빨리 이룰 것이다.

— 《법원주림》 제20권

이와 같이 《법원주림》은 나[我]와 대상[人]에 집착하여 교만하고 업에 따라 떠도는 중생에게는 예배하고 참회하는 수행이 매우 중요하여 하루 여섯 번 예배 수행하면 아유월지, 즉 불퇴전위에 이른다고 하였다.

셋째, 몸을 조복시킬 수 있다.

절은 탐욕과 욕망, 나태와 태만에 길들여진 몸을 조복시키는 수행법이다. 그러한 수행의 모습은 수행자의 위의로 드러나기 때문이다. 수행자의 위의는 마음의 수련과 몸의 수련이 병행되었을 때 제대로 갖추어질 수 있다. 절 수행 역시 다른 수행법과 마찬가지

---

7. 아유월지阿惟越地 : 반드시 성불이 결정된 동시에 보살위에서 타락하지 않을 위치로, 불퇴전의 경지를 말한다.

로 몸을 조복받지 못하고서는 수행할 수 없기 때문이다.

넷째, 삼매를 체득할 수 있다.

108배, 1080배, 3000배 등의 절 수행을 지속적으로 하게 되면 자연스럽게 삼매를 체득할 수 있다. 온몸을 통하여 이루어지는 절 수행은 삼매에 들어가는 효과가 크다.

이러한 절 수행에 있어서 중요한 점은 몸과 마음을 함께 수행해야 한다는 점이다. 사실 수행으로서의 절을 효과적으로 하기 위해서는 단순히 육체적인 행위만으로는 부족하며 반드시 올바른 마음가짐이 동반되어야 한다.

이에 대해 《법원주림》에는 다음과 같이 이야기하고 있다.

> 요즘 승속僧俗들이 부처님의 명호名號를 부르는 것을 들어 보면 비록 몸으로는 따라 예배하나 마음은 바깥 경계를 쫓아 헤맨다. 중도中道에서 벗어나더라도 조금도 반성하고 뉘우침이 없다. … (중략)… 또 어떤 승속들은 예배할 때 큰소리를 주고받으며 급하게 예를 취하면서 몸은 절을 따라 하지 않고 마음은 공경스러움을 생각하지 않는다. 군인들이 점호를 받는 것과 같아서 단지 빈 이름만 기억할 뿐이다. 마치 방아가 오르내리는

> 것 같아 한갓 수고로움만 더할 뿐 아무런 이익이 없다. …(중략)… 믿음에 의해 잘 들어가 지혜를 낼 수 있는 것인데, 믿음이 이미 행해지지 않거늘 무엇에 의지해 들어갈 수 있는가.
>
> — 《법원주림》 제20권

이처럼 수행으로서의 절이 되려면 집중력과 믿음이 필요하다.
먼저 정신을 놓치지 않는 집중력이 필요하다. 이것은 마음이 외부의 환경에 방해를 받지 않고 어떤 한 가지에 집중하는 것을 말한다. 절 수행은 무엇에 정신을 집중하느냐에 따라 다양한 방법으로 전개될 수 있다. 절을 하면서 염불을 하면 절과 염불을 함께할 수 있으며, 절하면서 절하는 동작 하나하나에 집중하면 위빠사나와 같은 수행이 된다. 그리고 절을 하면서 화두를 들게 되면 화두를 드는 것과 같은 수행이 된다. 물론 절하면서 참회하는 것도 그 좋은 방법 중의 하나이다.

또한 절을 받는 대상에 대한 공경심이 있어야 한다. 절은 상대방에 대한 예경의 표현이기도 하므로 절을 받는 대상에 대한 공경심이 없으면 절은 공허한 행위가 되어 버리는 것이다.

또 부처님이나 보살에 대한 굳건한 믿음이 있어야 한다. 불보살에 대한 믿음은 수행자에게 '수행을 통하여 깨달음을 이룰 수 있다'는 동기와 확신을 불어넣어준다. 그리고 어떤 유혹에도 물러

서지 않겠다는 끊임없는 정진력, 어떤 고통에도 물러나지 않겠다는 서원과 인욕하는 마음, 나 자신을 최대한 낮추는 하심 등도 필요하다.

마지막으로 절하는 사람과 절을 받는 대상인 불보살이 둘이 아니라는 점을 깊이 명심해야 한다. 이에 대해서 《관음참법주소觀音懺法註疏》에서 다음과 같이 말한다.

> 예불의 정신은 예禮를 행하는 참회자와 예禮를 받는 관세음보살의 체성體性이 다 본래 공적空寂하여 중생의 감感함과 성현의 응應함이 도道로써 교류하는, 쉽게 생각할 수 없는 경지이다. 나와 참회하는 이 도량은 마치 제석천궁에 걸쳐 있는 인드라망의 한 보주寶珠와 같아 관세음보살이 무수히 나투는 가운데 나의 몸도 또한 관세음보살 전에 나투어 얼굴을 바닥에 대고 받드는(頭面接足) 지극한 마음으로 예를 올리는(至心歸命禮) 것이다.
>
> ― 《관음참법주소》

이와 같이 절 수행자는 나와 절을 받는 대상이 둘이 아님을 깊이 통찰하여야 한다. 누구나 자신의 마음 속에 무명을 제거하면 나의 마음과 부처의 마음이 서로 둘이 아님을 발견하게 된다.

절 수행이 이러한 조건들을 갖추어 진실한 참회나 예경으로서 이루어진다면 수행의 효과는 더욱 커질 것이다.

제3장

절은 어떻게 해야 하나

1
절하는 마음가짐

한편, 절 수행을 강조한 성철 스님의 말씀을 통해 절하는 의미에 대하여 정리해보자.

> 내게 항상 다니는 사람에게는 반드시 의무적으로 절을 시킵니다.
> "108배 절을 하라!"
> 참으로 남을 도울 수 있는 사람이 되려면, 그런 생활을 하려면 날마다 108배 기도를 해야 합니다.
> 남을 위해 108배 기도하는 정성이 없으면 아무리 불공한다고 해도 매일 108배하는 사람과는 많이 다릅니다.

나도 새벽에 꼭 108배를 합니다.
그 목적이 어디에 있는가?
시작할 때 조건이 나를 위해 절하지 않습니다.
"내가 이제 발심하여 예배하옴은 제 스스로 복 얻거나 천상에 나길 구함 아니요, 모든 중생이 함께 같이 무상보리 얻어지이다."
이제 발심하여 108배를 하는데 스스로 물질적으로 정신적으로 나를 위해 절하지 않는다는 것입니다. 일체 중생이 다 성불하게 해달라고 하는 것입니다. 그리고 끝에 가서는 중생들과 보리도에 회향합니다.
일체 중생을 위해, 남을 위해 참회하고 기도하면 기도한 공덕이 큽니다. 이것이 모두 일체 중생에게 가라 이것입니다.
그리고도 부족하여 "원합노니 수승하온 이 공덕으로 위 없는 진법계眞法界[8]에 회향하오며" 예불참회한 이 공덕이 모두 남에게로 다 가라는 말입니다. 그래도 혹 남은 것이, 빠진 것이 있어서 나한테로 올까 봐 온갖 것이 무상진법계로, 온 법계로

---

8. 진법계眞法界 : 생명 변천의 모습을 초월한 법계를 말한다.

돌아가고 나한테는 하나도 오지 말라는 말입니다.
이것이 저 인도에서부터 시작해서 중국을 거쳐 신
라 · 고려에 전해 내려온 것입니다.

— 《성철선사법어집》 '불공하는 법'

성철 스님은 108배를 날마다 하라고 권하면서, 그 조건은 '나를 위해서는 절하지 말라'고 강조하고 있다. 일체 중생이 다 성불하게 해달라고 해야 한다는 것이다. 자신을 위한 절은 자기의 복을 빌게 되어 오히려 욕망을 부추기게 되지만, 남을 위한 절은 아상我相을 타파하여 업장을 소멸시키기 때문이다.

이제 절 수행에 임하는 마음가짐에 대해 보다 구체적으로 살펴보기로 한다.

절 수행 그 자체가 부처님께 올리는 예불도 되므로 절 수행 시작 전에 간단한 3배로써 불 · 법 · 승 삼보에 귀의하는 예를 표하고 나서 108배, 혹은 1080배 등 절을 하는 것이 좋다.

그러나 간단하게 의식을 통해서 마음을 가다듬고, 서원을 세우며, 마음을 정화하는 과정을 거친다면 절 수행에 임하는 수행자들의 마음이 한결 법답고 절실해지며, 그 의의 또한 장엄하고 숭고할 것이다. 그리고 무엇보다도 중요한 것은 마음가짐이다. 절 수행에 임하는 자신의 마음이 간절하고 투철해야 한다. 욕심 없는 밝은 마음과 진심에서 우러나오는 믿음으로 절을 했을 때 비로소 절은 참다운 절이 되고 아만심을 타파하는 수행의 방편이 되는 것이다.

그리고 절하는 과정에서 절 수행자는 법당 예절을 지키고 법당의 방석이나 기물을 경건하게 다루어야 한다. 간혹 절을 하다 보면 방석이 미끄러져 나가는데, 이럴 때 사람들은 보통 발로 방석을 밀어서 제자리에 갖다 놓는다. 이럴 경우 절에 임하는 마음가짐이 흐트러지므로 손으로 제자리에 갖다 놓는 것이 좋다.

2 절 수행의 절차

수행에는 의식과 절차가 있기 마련이다. 절 수행 또한 의식과 절차를 통하여 진행하는 것이 바람직하다. 또한 절을 한 후에 15분 이상 좌선에 들어 호흡을 가라앉히고 자신의 마음을 관조하는 것이 꼭 필요하다. 절 수행의 의식에 대한 원칙이 정해져 있는 것은 아니지만, 법당에서 대중들과 함께 할 때와 집에서 혼자 또는 두세 명이 모여 할 때의 두 가지로 나누어서 살펴볼 수 있다.

법당에서 대중들과 함께 절하는 경우
① 삼귀의례
② 경전 봉독 (《반야심경》 또는 《천수경》)
③ 참회 발원

④ 절 수행

⑤ 좌선

⑥ 회향 발원

⑦ 사홍서원

집에서 절하는 경우

① 주변을 정리, 정돈한다.

② 향을 피우고 마음가짐을 다진다.

　　(이때 전면에 불상이나 부처님 사진을 모시고 하면 좋다.)

③ 삼귀의례

　　(경우에 따라서는 삼귀의 후 《반야심경》이나 《천수경》을 독송한다.)

④ 참회 발원

⑤ 절 수행

⑥ 좌선

⑦ 회향 발원

⑧ 사홍서원

3
절하는 장소 및 준비사항

　　절 수행은 가까운 사찰이나 포교원에서 하는 것이 좋지만 여의치 않을 경우 집이나 사무실도 무방하다. 다만 집에서 절을 할 경우에는 불상이나 불화를 모셔 놓고 청정한 마음가짐으로 하는 것이 좋다. 집에 불상이나 불화를 모실 때는 재적 사찰의 스님께 부탁하여 여법한 예식을 통하여 모시기를 권장한다.
　　부처님을 모셔야 하는 이유는 우리가 절을 할 때 바로 자기 앞에 부처님이 계신다는 생각으로 절을 하면 참회와 하심이 효과적으로 이루어지기 때문이다. 물론 절 수행을 통하여 일정한 경지에 오르게 되면 자신의 마음이 곧 부처이므로 마음 속의 부처님을 향해 절을 할 수도 있으나, 초심자는 되도록 부처님을 모시고 하는 것이 좋다.

간혹 집에 불상이나 종교적 상징물을 두면 좋지 않다고 여기는 사람들이 있으나 이는 근거 없는 미신이다. 다만 집에 모신 불상이나 불화 앞에 향이나 초, 꽃, 맑은 물을 올리는 것은 괜찮으나 공양이나 다른 음식물을 올리는 것은 재적 사찰의 스님과 의상하는 것이 좋다.

본격적으로 절 수행을 하기 위해서는 지도자의 지도가 필요하다. 마음 수련과 육체적 수련을 동반하는 절 수행을 효과적으로 하기 위해서는 강인한 인내심이 요구되고, 신체적인 변화에 대해서도 경험자의 안내를 받을 필요가 있다. 그리고 절을 하면 땀을 많이 흘리게 되므로 너무 춥거나 더운 곳은 피하는 것이 좋다.

또한 절은 몸을 반복적으로 움직이는 수행이기 때문에 호흡이 중요하다. 만약 호흡이 규칙적이지 않으면 피로가 오고 관절에 무리가 올 수도 있다. 절을 할 때 숫자와 시간에 얽매여 헐떡거리며 절을 하기보다는 자신의 몸 상태를 관찰하면서 천천히 호흡을 조절하며 하는 것이 바람직하다.

사실 특별한 호흡법을 행하지 않아도 절 수행이 깊어지면 자연히 호흡이 길어져 절을 많이 하더라도 피곤하지 않고 몸과 마음이 안정된다.

100일 또는 1000일 등 장기간 절 수행을 하다 보면 육체적 고통이나 심리적인 괴로움으로 포기하고 싶은 순간이 몇 차례 올 수도 있다. 또한 이런 고비는 1080배나 3000배를 할 때에도 찾아올 수 있다.

이렇게 포기하고 싶은 순간에는 강한 의지와 신심이 필요하다. 고통의 순간이 바로 수행의 고비이기 때문이다. 그러므로 고비가 왔다는 것을 감지하는 순간 이를 뛰어넘겠다는 강한 의지가 필요하다. 이 고비를 극복해야 육신의 굴레를 벗어나 마음의 평화를 얻을 수 있게 된다.

수행이란 본래 부처인데 착각에 빠져 중생으로 살고 있는 자신을 바로 보아 부처로 돌아가는 것이다. 절 수행에서 오는 고통이란 잘못된 습에 길들여진 몸을 조복받는 과정에서 오는 고통이므로, 고통의 실체를 여실히 살펴 극복해야 한다. 절 수행이 몸과 마음의 조복을 확실하게 받을 수 있는 이유는 수행 과정에서 이러한 육체적, 정신적 고비를 극복하기 때문이다.

4
절하는 법

(1) 합장

합장合掌이란 양 손을 펴서 합하는 행위이다. 두 손을 모으는 일은 흩어져 있던 자신의 마음을 하나로 합하여 일심一心이 되도록 한다는 의미이다. 일심의 경지에 들면 마음이 진실해지며 지극해진다.

마음이 모아지면 경전을 읽거나 염불, 절을 할 때 시종일관 흐트러짐이 없이 그것에 몰두할 수 있다. 또 그런 마음으로 상대방을 지극히 공경하게 되면 하심하는 마음도 자연스럽게 몸에 배기 마련이다. 그래서 경건하게 합장하는 모습은 아름답기까지 하다.

《법원주림》에서는 합장할 때 손가락을 벌리면 교만심을 보이는 것이라 하였다. 그래서 우리나라에서는 일반적으로 손가락과 손

▲ 합장

바닥을 밀착한 형태의 견실심堅實心 합장을 주로 한다. 반면 티베트의 경우에는 손가락은 붙이되 손바닥 사이에 약간의 공간을 두는 허심虛心 혹은 공심空心 합장이나 엄지를 손바닥 사이의 공간에 두어 피어나기 전의 연꽃을 상징하는 미개련未開蓮 합장을 주로 한다. 이는 빈 공간과 연꽃 모양을 통하여 보리심菩提心을 표현하려는 것이다.

합장할 때에는 몸을 똑바로 세워서 흔들지 않도록 한다. 합장한 상태에서 두 발을 가지런히 모으고 바르고 안정된 자세를 유지하는 것이 중요하다.

그 다음 양 손을 모아 손바닥을 빈틈없이 서로 밀착시켜야 한다. 손가락 사이가 벌어져서도 안 되고 어그러져서도 안 된다. 그렇다고 해서 손바닥이나 손가락에 의도적으로 힘을 주면 자연스럽지 않기 때문에 주의해야 한다. 합장은 몸의 균형을 잡으면서 가장 편안한 상태에서 마음을 모으는 자세이다.

또 양 팔꿈치는 나란히 일—자가 되도록 한다. 그리고 두 손목이 명치 앞, 손가락 두 마디 정도 떨어진 곳에 위치하면 자세가 자연스럽다. 손끝은 수직으로 똑바로 세워야 한다. 또 턱은 조금 당겨 고개를 약간 숙이되 너무 숙여서는 안 된다. 눈은 자연스럽게 뜬 상태에서 시선은 2~3m 앞 바닥에 두되 눈을 감거나 좌우를 살펴서는 안 된다.

합장은 마음을 하나로 모으고 안정시켜주는 효과 이외에 신체의 중심을 잡아주어 건강에도 도움을 준다. 생체역학적으로 합장은 척추를 축으로 하여 인체를 좌우 대칭의 균형 상태로 만드는 동작이라고 할 수 있다. 따라서 합장을 하면 척추의 좌우 균형이 잡히고 교감신경과 부교감신경이 저절로 균형 상태가 되어 체액도 산성과 알칼리성의 중화 상태가 된다.

일본의 유명한 자연건강법체계인 니시의학(西醫學)의 건강요양 6대 법칙 중에도 합장이 들어 있다. 40분 동안 합장하는 것이 니시의학의 중요한 행법(行法) 중 하나이다. 손바닥에는 모든 경락이 지나가기 때문에 합장을 통해 손바닥의 신경을 자극하여 기혈의 흐름을 좋게 만들 수 있는 것이다.

● 장궤합장

수계의식을 할 때나 경전을 독송하거나 염불할 때, 그리고 발원을 할 경우 장궤長跪합장을 한다.

장궤長跪란 두 무릎을 꿇어 상체를 곧추세운 자세를 말한다. 양 무릎을 꿇은 채 엉덩이를 들고 허리를 세워 상체가 수직이 되도록 하고 합장을 하는 것이다. 이때 양 발은 가지런히 모아 발가락으로 균형을 잡고 발뒤꿈치는 세운다.

선 채로 합장을 하는 것보다 무릎을 꿇은 자세의 합장이 더욱

▲ 장궤합장

공손하기 때문에 스님들은 수계의식이나 발원, 독경 등을 하는 과정에서 장궤합장을 하기도 한다.

● 호궤합장

호궤합장은 오른쪽 무릎을 바닥에 대고 왼쪽 무릎은 세워 꿇은 자세이다. 다른 말로 우슬착지右膝着地라고도 한다. 주로 승가에서 부처님께 예경을 드리거나 공양물을 올릴 때, 발원할 때나 아랫스님이 윗스님 앞에 물건을 놓을 때 한다.

▲ 호궤합장

(2) 절

① 저두

합장한 채 머리를 숙여 절하는 것을 저두低頭 또는 반배半拜라고 한다. 저두할 때는 허리를 60° 정도 굽혀 절을 한다. 그리고 허리를 굽힐 때 최초의 합장 상태에서 그대로 허리를 굽혀야 하며 손끝이 처지면 안 된다.

저두는 도반이나 스님을 만나 인사를 나눌 때, 절 입구에서나 탑에 절할 때, 공양물을 올리거나 헌화할 때, 장소 사정으로 큰절을 할 수 없는 경우, 그리고 큰절을 시작하거나 마칠 때 한다.

▲ 저두

② 오체투지

　오체투지五體投地란 이마, 두 팔꿈치, 두 무릎을 바닥에 대고 절하는 것을 말하며, 이것은 최고의 공경심을 나타내는 예법이다.

　절하는 동작은 '합장 – 꿇어앉기 – 접족례接足禮 – 일어서기'의 순서로 이루어진다.

　절하는 순서를 구분 동작으로 나누어 살펴보면 다음과 같다.

● 합장

　먼저 공손한 마음으로 바로 선 자세에서 두 손을 명치 앞에서 가지런히 모아 합장한다. 이때 몸을 흔들지 않아야 하며 발뒤꿈치는 붙이고 양 발의 앞부분 역시 가지런히 모아야 한다. 합장은 몸의 균형을 잡으면서 가장 편안한 마음 상태를 유지해 나가는 자세이므로 손바닥에 힘을 주거나 경직되게 하지 말고 합장한 손이 몸 중앙과 일직선이 되도록 한다.

　합장을 할 때는 항상 나의 정면에 부처님이 계신다는 생각으로 온 정성을 다하여 합장하는 것이 좋다.

▲ 합장

합장하는 손은 물론 신체 전체를 바르게 세우면 지극하고 공손한 마음을 유지하기가 쉽다. 바른 자세를 지니면 빈틈이 생기기 않으며, 그 순간에 충실할 수 있다.

● 꿇어앉기

합장하고 고개와 허리를 자연스럽게 세운 상태에서 무릎을 구부리며 꿇어앉는다. 이때 무릎은 어깨너비 정도로 자연스럽게 벌리고 양 발뒤꿈치는 모아 세워 엉덩이가 뒤꿈치에 닿도록 앉는다.

꿇어앉는 자세는 용천혈과 대둔혈을 자극하여 꾸준히 하면 신

▲ 꿇어앉기

장과 방광을 좋게 하며 심리적 안정을 주는 등 여러 가지 효과가 있다.

● 접족례

꿇어앉은 자세에서 두 손으로 바닥을 짚는다. 두 팔의 팔꿈치를 양 무릎 앞쪽에 놓고 두 손바닥을 동시에 바닥에 대며 이마가 바닥에 닿도록 엎드린다. 손과 손 사이는 머리가 들어갈 정도의 간격으로 손끝을 약간 모아 짚고 이때 손가락은 벌리지 않도록 한다.

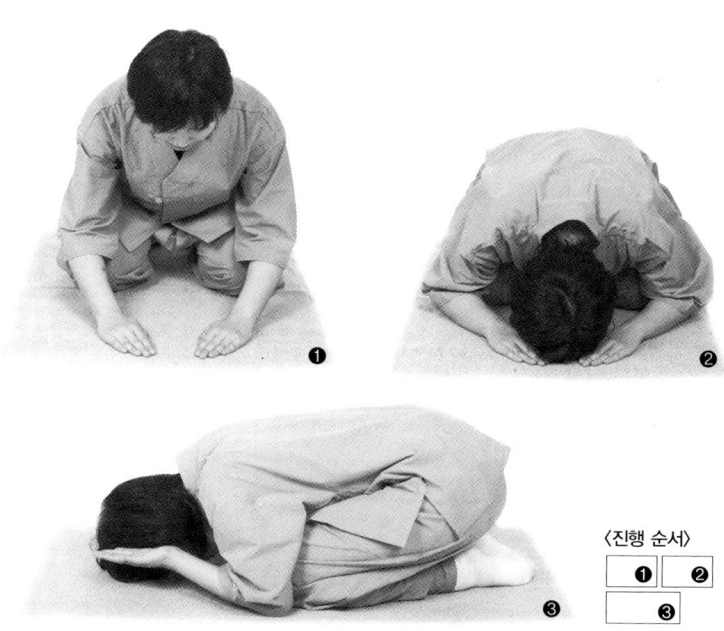

▲ 오체투지와 접족례

손바닥으로 바닥을 짚는 동시에 왼발 엄지발가락을 오른발 엄지발가락 위에 포개고 이마를 바닥에 대며 동시에 엉덩이가 양 발뒤꿈치에 붙도록 엎드린다. 이때 몸을 완전히 바닥에 낮추고 이마를 비롯한 양쪽 팔꿈치와 무릎 등 다섯 곳이 바닥에 닿아야 한다.

이마가 바닥에 닿는 동시에 손바닥을 반듯하게 펴서 위로 하고 귀 높이까지 올리면서 부처님의 발을 조심스레 들어 올려 내 머리를 부처님의 발에 댄다는 마음으로 접족례接足禮를 한다. 접족례는 엎드려 부처님의 발을 두 손으로 받드는 예로 몸과 마음을 다해 부처님께 존경의 표시를 올리는 행위이다.

접족례를 할 때에는 손을 바닥에 대면서 엄지발가락을 포개고 이마를 바닥에 대는 동작이 동시에 이루어질 수 있도록 해야 호흡이 자연스럽다. 이마가 바닥에 닿는 동시에 엉덩이를 두 발꿈치에 붙이는 동작은 척추를 바르게 교정해주는 효과도 있다.

● 일어서기

접족례가 끝나면 손바닥으로 바닥을 짚고 머리를 들어 팔을 펴면서 무릎을 꿇고 합장한 자세로 발뒤꿈치를 붙이며 가볍게 일어선다.

이때 손을 바닥에 짚고 엉덩이부터 일어서면 안 된다. 그렇게 할 경우에는 부자연스러우며 몸에 무리가 올 수도 있다. 끝까지 일어나 몸을 바로 세워야 한다.

이와 같이 '합장 – 꿇어앉기 – 접족례接足禮 – 일어서기'의 과정을 마치면 일배一拜가 된다.

● 유원반배

절을 마치면서 유원반배唯願半拜를 올린다. 유원반배는 고두례

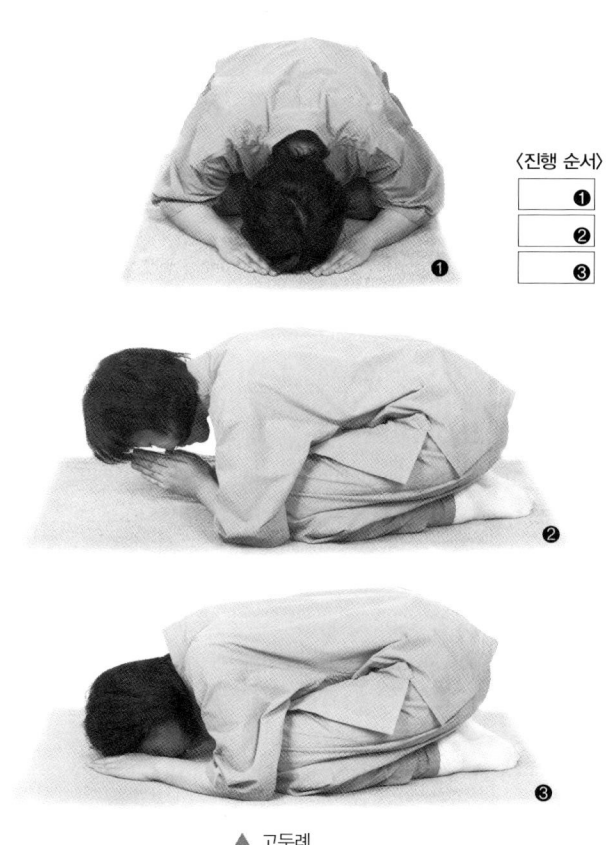

▲ 고두례

叩頭禮라고도 한다. 고두례는 절을 마칠 때 접족례를 한 뒤에 머리를 자연스럽게 어깨 높이로 들고 합장한 손을 코끝에 닿을 정도로 한 다음 손바닥을 다시 짚고 이마를 바닥에 대고 바로 일어선다. 이때 접족례는 하지 않고 일어서야 한다.

고두례를 올리는 것은 아무리 무수한 절을 한다 해도 부처님에 대한 예경의 뜻을 모두 표할 수 없기 때문에 거듭 극진한 예를 다하는 것이다.

제4장

여러 가지 절 수행법

　절 수행은 자기를 비우고 깨달음으로 가는 수행법이다. 또한 절 수행은 누구나 쉽게 할 수 있다는 면에서 대중적인 수행법이다.
　절은 몸을 움직이면서 마음을 집중하여 삼매에 들고 궁극적으로는 깨달음에 이를 수 있다. 아울러 절을 하면서 화두를 들거나 호흡이나 신체의 움직임을 관觀하거나, 염불을 하거나, 기도를 하거나, 참회나 주력 등을 할 수도 있다.
　여기에서는 절을 하면서 병행할 수 있는 대표적인 수행 방법을 소개하고자 한다. 이 이외에도 다양한 방법이 있을 수 있으므로 각자의 인연과 근기에 맞추어 적절히 활용하면 좋은 수행의 효과를 볼 수 있을 것이다.

1
절하면서 참회하는 법

참회는 자신이 지은 허물을 뉘우치고, 이후로는 다시 잘못을 저지르지 않겠다고 굳은 맹세를 하는 것이다. 이를 통해 그동안의 업장을 소멸하고 앞으로는 바른 삶을 살아가겠다는 의지를 다지는 것이다. 이렇게 참회를 함으로써 가볍고 편안한 마음으로 하루하루를 살아갈 수 있다.

절하면서 참회하는 것을 예참禮懺이라고 한다. 부처님께 절하면서 불보살의 명호를 외우거나 불보살을 찬탄하면서 과거와 현재에 지은 업장을 남김없이 드러내어 참회하는 것이다.

참회에는 이참理懺과 사참事懺이 있다. 이참은 이치로 참회하는 것으로 죄란 본래 공하다는 것을 관하는 참회이고, 사참은 몸과 말과 행동으로 지은 죄를 참회하는 것이다. 그러므로 이참과 사참을 같이 행하는 것이 바른 참회이다.

절을 하면서 참회하는 방법에 대하여 《관음예문》에서는 이렇게 설명하고 있다.

> 향로를 손에 들고 한마음 한뜻으로 저 서방을 향하여 오체투지의 예배를 하되, 분명한 목소리로 명호를 부른다. 일심정례 본사석가모니세존 일심정례 서방무량수세존 …(중략)… 일심정례 시방일체보살마하살 일심정례 사리불등성문연각현성승
>
> ─《관음예문》

이러한 예법은 석가모니 세존과 일체 보살과 성현들에게 절하며 참회하는 방식이다. 절을 할 때에는 일심으로 몸과 마음을 바쳐 무심의 경지에 들어갈 수 있도록 해야 한다. 그러면 성현과 중생이 서로 감응하는 경지에 이르기 때문에 육체적 행위 이상의 수행으로서 가치가 있다.

참회법이 절 수행만으로 이루어진 것은 아니지만 전체의 참회 과정에서 절을 통한 예배가 반복되기 때문에 일반적으로 참법을 예참이라고도 한다. 이런 점에서 참회법은 예경과 참회가 하나로 어우러진 수행법으로 이해될 수 있다.

이처럼 절은 그 자체로는 절하는 대상에 대한 예경의 의미를 가진 육체적 행위이면서, 자신의 아상을 없앤다는 면에서 참회를 통해 자신의 업을 소멸하는 수행이 될 수 있다.

절하면서 참회하는 구체적인 방법으로는 몸으로 절을 하면서 입으로 불보살의 명호를 부르고, 마음으로 자신이 지은 죄업을 간절히 고하면서 뉘우치는 것이다. 참회의 대상은 스님의 도움을 받아 자신과 인연이 깊다고 믿어지는 불보살님 중 한 분을 택하면 된다.

참회하면서 절하는 또 하나의 구체적인 방법으로는 〈예불대참회문〉(부록 참조)을 외면서 참회하는 것이다. 이것은 108배를 하면서 업장 소멸을 위한 참회를 할 때 효과적이다. 여럿이 〈예불대참회문〉을 외면서 절할 경우, 한 사람만 〈예불대참회문〉을 외고 다른 사람은 그 소리를 들으면서 절하기도 하고, 모두 함께 한결같은 목소리로 〈예불대참회문〉을 읽으면서 일사불란하게 절하는 방법도 있다.

그리고 집이나 사무실에서 혼자 108배를 하면서 참회할 경우, 독경이나 염불 테이프를 들으면서 마음을 비우고 무념무상의 상태에서 절을 하면 마음의 안정은 물론 신체적 건강에도 큰 도움이 된다.

2
절하면서 화두 드는 법

절을 하면서 화두를 간절히 참구하는 수행이다. 절을 하면서 화두를 들려고 할 때는 반드시 선지식에게 화두 간택을 받아야 한다. 초심자의 경우에는 절하면서 화두를 드는 것이 쉽지 않을 것이다. 화두를 들기 위해서는 본래 부처에 대한 신심과 깨닫고자 하는 발심이 철저해야 한다.

화두를 들 때는 나 자신이 본래 부처라는 확고한 믿음과 부처가 되어 영원한 대자유인이 되겠다는 타는 듯한 갈증이 있어야 한다. 이러한 간절한 발심으로 화두를 들어야 순일하게 들린다. 그리고 화두에 대한 의심을 쉼 없이 지속적으로 일으켜야 한다. 이렇게 발심이 되고 절에 대한 자신감이 길러졌을 때, 절하면서 화두를 드는 것이 순일해진다.

전북 장수의 한 스님은 20여 년 간 매일 3000배를 하였는데, 때로는 하루 1만 2천배 기도를 300일씩 5회에 걸쳐 회향하기도 하였다. 스님은 이러한 절 수행을 통해 번뇌의 업장을 녹여 망상을 제거하고, 화두 공부하는 힘을 얻게 되었다고 한다. 이를 바탕으로 화두를 참구하면 어렵지 않게 화두 삼매에 든다는 것이다.

절 수행의 초심자라도 발심이 철저히 되었다면 절하면서 충분히 화두를 들 수 있다. 절하면서 간절히 화두를 들다 보면 절하고 있는 자신마저도 잊고 오직 화두만 남게 된다.

절 수행과 병행하여 본격적으로 화두를 참구하고자 할 때 명심해야 할 것이 있다. 그것은 바로 눈 밝은 선지식을 찾아 화두를 받고 정기적으로 지도와 점검을 받아야 한다는 것이다.

또한 수행 중에 어떤 경계가 나타나는 현상이 생길 수도 있다. 이때에는 화두가 타파될 때까지 절대 화두를 놓으면 안 된다. 어떤 경계가 나타나더라도 그 경계에 집착하지 말고 오직 화두만 들고 나아가야 한다. 만약 수행 중에 장애를 만나면 반드시 선지식을 찾아가 점검받는 것이 바른 길이다.

3
절하면서 수를 헤아리는 법

　일반적으로 절 수행을 하는 경우 108배, 1080배, 3000배, 1만 배가 행해진다. 300만 배를 성만한 어떤 스님은 절을 많이 해본 사람이라면 처음부터 1000배 이상 하는 것도 좋지만 그렇지 않을 경우 108배에서 300배 정도로 시작할 것을 권한다. 중요한 것은 절의 횟수보다 지속성이다. 스님은, 처음에는 7일이나 21일로 시작하고 점차적으로 100일, 200일, 1년, 1000일 등으로 늘려가는 것이 절 수행을 오래할 수 있는 비결이라고 한다.
　절을 하면서 수를 헤아리는 것은 마음을 가라앉히는 데 효과적이다. 초심자의 경우 좌선에 들어갈 때 수를 세면 마음을 집중하는 데 도움이 된다. 마찬가지로 절하면서 수를 세는 것도 마음을 안정시키는 효과가 있다.

절을 하면서 수를 헤아리는 가장 일반적인 방법은 108염주를 이용하여 수를 헤아리는 것이다. 이 방법은 108개의 염주를 하나하나 세어 가면서 절하는 것이다. 1080배는 108염주를 열 번 돌리면 된다. 이럴 경우 108염주를 한 번 마칠 때마다 성냥개비나 동전 등의 도구를 사용하여 10개가 되면 1080배를 하게 되는 방식으로 수를 세어 나간다.

앞서 소개한 300만 배를 성만한 스님은 염주를 이용하지 않고 절의 동작에 수를 대입하여 세는 법을 권한다.

예를 들면 서 있는 상태에서 앉으면서 하나, 접족례를 올릴 때 하나, 일어서면서 하나, 하는 식으로 한 번 절할 때마다 같은 숫자의 절 횟수를 세 번 반복하여 세는 방법이다. 이 방법을 맨 처음 시도할 때는 집중하기가 쉽지 않지만, 어느 정도 수행이 되면 몸에 익숙해지고 집중력이 높아져 무의식 중에 수를 세는 경지에 이르게 된다. 나아가 몸과 마음이 하나가 되는 삼매의 경지에 이를 수 있다고 한다.

절이란 단순한 동작을 일정한 숫자나 시간만큼 반복하기 때문에 육체적 고통과 심리적 권태를 불러올 수 있지만, 반면에 이를 이겨나감으로써 정진력을 함양할 있는 수행법이다.

4
절하면서 염불하는 법

일반적으로 가장 많이 하는 절 수행의 형태를 꼽으라면, 그것은 절하면서 염불하는 수행일 것이다. 염불은 어떤 불보살을 염하느냐에 따라서 나무아미타불, 석가모니불, 약사여래불, 관세음보살, 지장보살 등의 염불이 될 수 있다.

절하면서 염불하는 형태는 몸을 움직여 절하는 동안 염하는 대상과 하나가 되어 심신이 경쾌해지고 절 삼매는 물론 염불 삼매에 몰입할 수 있다. 대중들이 모여 염불하면서 절을 할 때 신심이 나고 기쁜 마음으로 절할 수 있는 몇 가지 방식을 소개하면 다음과 같다.

첫째, 조를 나누어 염불하며 절하는 방식이다.

이 방법은 여러 대중들이 모여 절과 염불을 연결시켜 수행할 경우 효과적이다.

　우선 참가한 대중을 두 개의 조, 예를 들어 지혜조와 자비조로 나눈다. 지혜조가 절하면서 염불하면, 자비조는 절만 하며 상대편의 염불 소리를 듣는다. 그 다음 자비조가 절하면서 염불하면, 지혜조가 절하면서 그 염불 소리를 듣는다. 이렇게 서로 번갈아 한쪽은 절하면서 염불하고, 다른 한쪽은 절하면서 상대편의 염불 소리를 듣다 보면 부처님을 생각하는 마음이 매순간 지속되어 [念念相續] 절 수행이 잘 이루어진다. 단체가 아니라도 둘 이상이 절 수행할 때는 이런 방법을 적용해도 좋을 것이다.

　둘째, 다 함께 염불하면서 절하는 방식이다.

　절 수행에 참여한 전체 대중들이 함께 염불하면서 절하는 것으로, 현재 사찰이나 법당에서 가장 많이 하고 있는 형태이다.

　여러 대중들이 함께 절하면서 염불하다 보면 절하는 행동이나 염불 소리가 제각각이어서 정신이 산란해져 집중하기가 어렵다. 이때는 스님이나 집전자가 목탁을 치면서 극복할 수 있다.

　소수의 인원이 호흡을 맞추어 일사불란하게 절하는 경우, 서로 염불하는 소리나 절하는 속도를 맞추어 하면 좋은 효과를 얻을 수 있다.

　셋째, 테이프 소리나 직접 염불 소리를 들으며 절하는 방식이다.

　염불하는 테이프를 틀어 놓거나 직접 스님이 염불하는 소리를 들으면서 거기에 맞추어 많은 대중이 한마음이 되어 절하는 것이다.

다만 염불하는 테이프 소리에 맞추어 절을 할 경우, 테이프의 염불 소리와 절하는 수행자들 간에 호흡을 맞추기가 어렵다는 단점이 있다. 절하는 사람들의 행동이나 마음과는 관계없이 테이프의 염불 소리가 단조롭기 때문이다.

하지만 테이프 염불 소리가 시종일관 규칙적으로 진행되고, 거기에 집중하여 마음 속으로 염하면서 절한다면 절 수행이 잘 진행될 수 있다.

다른 사람이나 단체의 염불 소리를 직접 들으면서 절하는 것도 이와 마찬가지다.

5
절하면서 심신을 관하는 법

　　이것은 절을 하면서 동작 하나하나를 관(觀)하는 법이다. 합장한 자세에서는 마음 속으로 '합장' '합장' 하면서 합장하고 있는 나의 모습을 관하고, 꿇어앉으면서 '앉는다' '앉는다' 하면서 꿇어앉는 나의 모습을 관하는 것이며, 접족례 하면서 그렇게 접족례 하는 나를 관하며, 일어서면서 '일어섬' '일어섬' 하면서 일어서는 나의 모습을 있는 그대로 관하는 것이다. 이렇게 절하면서 몸의 움직임을 지속적으로 관해 나간다.

　　몸의 움직임뿐만 아니라 마음이 움직일 때는 그 움직이는 마음을 관한다. 예를 들어 절을 하면서 '절하기 싫다' '힘들다' '이런 절을 왜 하나' 하는 마음이 생기면 그 마음을 알아차리는 것이다. 혹은 절하다 망상이 일어나면 망상하는 그 순간을 알아차린다. 알아차리면 일어나는 망상은 그대로 소멸한다. 망상이 사라지면 다시 몸과 마음을 관하면서 절을 계속한다.

절을 하면서 일어나는 번뇌 망상을 알아차리고 오직 절하는 동작과 그 동작을 관하는 자만 남을 수 있도록 절하고, 나중에는 절하는 자만 남아서 절한다는 생각도 없이 절을 한다. 그러면 형태가 절이지 절한다 함이 없는 절을 하게 된다. 이렇게 되면 절을 하되 모든 것을 여의고 삼매에 들게 되는 것이다.

이것은 절하는 과정에 일종의 위빠사나 수행을 대입시킨 것이다. 즉 위빠사나 수행에서 천천히 걸으면서 걷는 모습을 관하는 행선行禪의 과정을 그대로 절에 적용한 것이다. 이러한 수행을 거듭함으로써 의식의 긍정적 변화를 이룰 수 있고 삼매에 들게 되어 자신의 참모습을 보게 된다.

이렇게 절하면서 심신을 관하는 수행을 통해서 여러 가지 선의 단계를 거쳐 궁극적으로 모든 번뇌를 완전히 소멸하고 정각에 이르는 멸진정滅盡定에 도달할 수 있는 것이다.

6
절하면서 사경하는 법

사경寫經은 부처님 말씀을 베껴 쓰는 것이다. 부처님 말씀을 베껴 쓰면서 부처님 말씀의 본래 의미를 가슴 속 깊이 믿고 이해하며, 그 이해와 수행을 통해 지혜를 발현시키고자 하는 데 사경 수행의 진정한 의미가 있다.

부처님 말씀을 몸과 마음을 다해 가슴 속에 새기고자 하는 수행이 절하면서 하는 사경 수행이다. 그런데 절하면서 사경을 할 경우 초심자는 사경하는 그 자체에 몰두하기 어렵다는 단점이 있다. 그러나 간절한 신심을 깊게 한다는 면에서 절하면서 사경하는 수행의 효과는 매우 크다 하겠다.

사경하면서 절하는 형태로는 한 글자 쓰고 한 번 절하는 일자일배一字一拜, 혹은 한 글자 쓰고 세 번 절하는 일자삼배一字三拜, 한

행을 쓰고 세 번 절하는 일행삼배一行三拜 등이 있다. 일행삼배의 경우에는 경전의 말씀을 제대로 새기면서 절을 할 수 있다는 데 그 특징이 있다.

또한, '불佛' 자나 부처님 명호를 사경하는 방법도 있다. 예컨대 '佛' 자를 정성스럽게 한 자 쓰고 일배 하거나 삼배를 하기도 하고, 더 나아가 '나무아미타불'이나 그 밖의 부처님 명호를 쓰고 입으로 외면서 일배 또는 삼배하는 것이다.

제5장

절 수행은 어떤 효과가 있나

1
열 가지 뛰어난 공덕

모든 불교 수행의 목적은 부처가 되는 데 있다. 불자들은 수행을 통하여 자신의 번뇌와 업을 소멸시키고 불성을 밝혀 무명에서 벗어나 스스로 부처임을 깨닫게 된다. 이러한 수행은 부처님을 믿고 공경하는 데에서 시작된다.

그렇기 때문에 《업보차별경》에서는 부처님을 믿고 예경하면 다음과 같은 열 가지의 뛰어난 공덕을 성취하게 된다고 하였다.

① 묘색신妙色身[9]을 얻는 것
② 말을 하면 사람들이 다 믿어주는 것
③ 누구를 만나도 두렵지 않은 것
④ 신과 사람들이 잘 호념해주는 것

---

9. 묘색신妙色身 : 깨달은 자의 청정하고 미묘한 몸을 말한다.

⑤ 큰 위의를 갖추게 되는 것
⑥ 온갖 사람들이 다 가까이 따르는 것
⑦ 불보살님께서 호념해주시는 것
⑧ 큰 복의 보답을 갖추게 되는 것
⑨ 명을 마친 뒤에 불국토에 왕생하는 것
⑩ 속히 삼매(열반)를 증득하는 것

절 수행 또한 위와 같은 효과를 얻을 수 있다.
  절 수행자는 하심과 인욕의 수행을 통하여 한계를 극복하고 자연스럽게 무한한 능력을 개발하게 된다. 또한 아상이 없어져 겸손해지고 위의를 갖추게 되며 모든 사람들로부터 존경을 받게 되고 그의 말에 신뢰가 쌓인다. 나아가 그러한 수행자는 부처님께서 항상 호념해주시는데, 많은 수행자들이 그것을 경험하고 있다. 무엇보다 절 수행을 통해 삼매를 증득하게 되며, 명을 마친 뒤에는 불국토에 왕생하는 공덕이 나타나게 된다.

2 수행으로서의 효과

① 아만심을 없앤다

절을 하게 되면 겸허하게 되어 자신을 내세우거나 타인을 멸시하는 생각이 사라지고 서로 깊이 이해하고 존중하며 신뢰하는 마음이 갖춰진다. 그 결과 원만한 인간관계가 형성되어 가정, 단체, 사회가 평화롭고 행복해질 수 있다.

② 인욕심이 증진되며 삼매력을 키운다

절을 하다 보면 힘든 고비가 오기 마련인데 이를 극복하면서 인욕의 마음이 길러진다. 또한 규칙적으로 움직이면서 마음을 집중하기 때문에 집중력이 높아지는 것은 물론 삼매의 경지에 다다르게 된다. 특히 좌선이 정적인 동작으로 삼매에 드는 효과가 있는 반면, 절은 움직이면서 삼매에 드는 데 효과적이다. 따라서 산만한 어린이, 청소년은 물론 일반인에게도 적극 권장할 만하다.

③ 무시 이래로 쌓은 업장을 소멸한다

절과 함께 참회나 염불을 함으로써 오랜 기간 쌓인 자신의 업장을 소멸하게 된다. 절을 하다 보면 신·구·의 삼업을 하나하나 정화하며 삼매 속에서 업장을 소멸하고, 그 결과 자유자재함을 얻고 소원을 성취할 수 있다.

④ 불자로서의 신심을 다지며 지혜가 생긴다

날마다 규칙적으로 절을 하게 되면 신심이 깊어진다. 확고한 신심은 깨달음에 이르는 기초가 되며 수많은 공덕을 짓는 밑거름이 된다. 절 수행을 통해 삼매의 경지에 이르면 그 속에서 지혜가 생겨나게 된다.

⑤ 참선·염불·사경·주력·참회 수행의 효과를 높여준다

절을 하면서 화두를 들거나 염불·주력·사경·참회 수행을 동시에 진행하면 그 수행 효과가 더 커질 수 있다. 이는 절을 통하여 몸을 조복받음으로써 화두, 염불 및 주력 등의 수행을 통한 삼매를 얻는 데 상승 효과가 있기 때문이다.

⑥ 나태함을 멀리하고 정진력을 길러준다

절은 오랫동안 몸을 움직이면서 수행하는 것으로, 나태함을 극복할 수 있게 한다. 특히 3000배, 1만 배 등의 절 수행은 불굴의 정진력과 굳건한 마음가짐이 없으면 이루어내기 힘들다. 그러므로 절 수행을 통해 신심을 키울 수 있음은 물론 중도에 포기하지 않는 정진력을 길러준다.

3

정신적·육체적 효과

웰빙과 건강에 대한 일반인들의 관심이 점점 증가하고 있다. 따라서 불교 수행법들이 마음의 평화는 물론 육체적인 건강을 증진하는 데 도움을 준다는 사실을 널리 알릴 필요가 있다.

이를 위해서 절의 효과에 대하여 보다 과학적인 연구가 필요하다. 과학적인 연구를 통하여 절의 효능에 대한 정확한 데이터를 제시하게 되면 그 만큼 절 수행에 대해 일반인들이 관심을 가지게 될 것이다. 비록 이러한 연구 성과 내지 통계 자료를 아직 정확히 제시할 수는 없지만, 절이 주는 육체적·정신적인 효과는 이미 많은 절 수행자들의 체험에 의하여 입증되고 있다.

경남 김해에 사는 어느 삼십대 불자의 경우는 절 수행의 공덕에 대한 참으로 좋은 사례라고 말할 수 있다. 그는 어려서 뇌성마비 판정을 받고 7살 때 죽음 직전까지 갔다가 성철 스님과의 인연으로 하루 1만 배씩 100일 동안의 절 수행을 세 차례나 한 결과, 지금은 장애를 극복하고 정상인보다 더 왕성한 활동을 하고 있다.

절의 효과는 다양하게 나타나지만 몇 가지로 요약해 보면 다음과 같다.

첫째, 수승화강을 통해 건강해진다.

예로부터 건강의 첫 조건으로는 수승화강水昇火降, 즉 두한족열頭寒足熱을 들어 왔다. 다시 말하면 '머리는 차갑고 발은 따뜻하게 하라'는 것인데, 이런 상태가 되어야만 기혈이 정상적으로 흐르고 신체 장기가 활발하게 움직여 건강을 지킬 수 있기 때문이다.

척추동물 중에서 유일하게 인간만 직립한다. 직립은 인간에게 손을 이용하게 하여 지능을 발전시키는 역할을 하였으나 건강에는 악영향을 끼쳤다고 볼 수 있다. 왜냐하면 자연 현상에서는 일반적으로 더운 기운은 위로 올라가고 찬 기운은 아래로 내려가는데, 인간이 직립하면서부터 머리는 뜨거워지고 발은 차가워지게 되었기 때문이다.

이는 요가에서도 볼 수 있다. 물구나무서기 동작은 요가의 여러 동작 중에서 '요가 동작의 왕'이라고 불린다. 그 까닭은 거꾸로 서게 되면 자연스럽게 뜨거운 기운을 발로 올리고 차가운 기운을 머리로 내려주어 건강에 좋기 때문이다.

그런데 절은 구태여 이와 같이 어려운 요가 동작을 하지 않더라도 엎드리는 과정에서 혈액이 발로 내려오면서 발바닥의 기혈이 강하게 자극되어, 뜨거운 기운은 발로 오게 되고 차가운 기운은 머리로 올라가는 수승화강이 이루어진다.

이렇게 절을 통하여 수승화강의 상태가 유지되면 뇌파가 안정되어 차분한 정신 상태가 이루어지며, 불면증 · 현기증 · 두통 · 히스테리 등의 증세가 치유된다.

둘째, 복식호흡(단전호흡)의 효과가 탁월하다.

호흡의 길이는 정신적 긴장과 관계가 있다. 일반적으로 긴장되거나 감정이 격해지면 호흡은 거칠고 빨라지며, 안정적인 의식 상태에서는 그 반대현상이 일어난다.

우리가 일반적으로 하는 호흡은 가슴을 움직여 공기를 들이마시고 내뱉는 흉식호흡이다. 그와 달리 아랫배를 움직이면서 횡격막을 움직이는 호흡이 복식호흡이다. 복식호흡이 흉식호흡보다 길고 완전한 호흡이다. 또 복식호흡은 충분한 산소를 인체에 공급함으로써 피로회복에도 탁월한 효과가 있다. 따라서 수행자에게는 긴 호흡을 할 수 있는 복식호흡이 좋다.

그런데 절을 할 때는 몸의 중심점이 단전으로 가기 때문에 자연스럽게 복식호흡이 이루어지게 된다. 이렇게 자연스럽게 복식호흡을 할 수 있다는 점이 절 수행이 가지고 있는 장점 중 하나이다.

복식호흡이 건강과 수행에 중요하다는 것은 많은 사람들이 알고 있다. 그러나 바쁘게 움직이는 현대인에게 복식호흡은 그리 쉬운 일이 아니다. 이에 비해 절 수행은 일부러 의도하지 않더라도 자연스럽게 복식호흡이 가능해진다.

셋째, 질병을 없애고 건강을 증진시킨다.

절 수행자들은 자신의 몸과 마음에 많은 변화를 경험한다. 우선 몸을 굽혔다 펴는 동작을 반복하면서 흐르는 땀을 통하여 몸 안의 노폐물이 밖으로 빠져나가기 때문에 건강해진다. 또 절을 하는 과정에서 발의 기혈을 수없이 자극하게 된다. 한의학적으로 발의 용천혈은 12경맥 중 족소음신경足少陰腎經에 속해 신장과 직결되어 있다. 그러므로 절을 하면 신장의 기능이 강해지고 척추가 바르게 되는 것이다.

또한 매일 규칙적으로 절을 하면 당뇨병·고혈압 등의 성인병을 예방하고 치료하는 효과가 있다. 또 상기병으로 고생하던 여러 수좌들이 절을 통해 말끔하게 치료된 사례도 많다.

이 외에도 절은 피로나 감기 몸살을 예방해주며, 혈액순환을 돕는 것은 물론 관절염의 원인을 제거해준다. 아울러 절을 하면 집중력이 높아지면서 매사에 자신감이 생긴다.

넷째, 선이나 명상과 같은 심리적 안정을 가져온다.

선의 효능에 대한 연구는 많이 나와 있는데, 그 중 일본 교토대 심리학과 교수 사또오 박사는 그의 저서 《심리선》에서 선의 효과에 대해 다음과 같이 밝히고 있다. ① 병을 다스림 ② 노이로제가 나음 ③ 급한 성미를 다스림 ④ 의지가 강해짐 ⑤ 능률이 오름 ⑥ 머리가 좋아짐 ⑦ 인격 완성 ⑧ 깨달음 ⑨ 평화로운 마음(大安心) ⑩ 이상세계의 길이 열림 등의 효과가 있다는 것이다. 또한 그 외 많은 학자들의 선 수행의 심리적 효과에 대한 연구물도 적지 않다.

국내에서는 1980년대부터 선의 심리치료적 효과에 대한 연구가 진행되어, 참선이 현대인에게 있어서 노이로제·정신병·성격 장애 등의 예방과 치료에 충분한 효과를 발휘한다는 것이 밝혀지고 있다.

절 수행 또한 선 수행과 같은 효과를 볼 수 있다.

이와 같이 절 수행은 심장과 신장을 강화하고, 자연스럽게 수승화강이 이루어져 몸의 전체적인 균형을 잡아준다. 그리고 자연스럽게 복식호흡이 가능해지므로 뇌파가 안정되어 편안한 의식 상태를 유지할 수 있게 된다.

또한 절 수행은 일상에서 건강하게 생활할 수 있는 활력소가 되어 각종 질병과 성인병을 예방하고 저절로 치유하게 한다. 더 나아가 절 수행을 지속적으로 하면 자기에 대한 집착을 비우게 되어 마음의 평화와 자유를 느끼게 되는데, 이것은 화를 다스리고, 스트레스·우울증·성격 장애 등의 정신 질병을 치유하는 효과도 있다.

그러나 불교에서 절 수행의 궁극적인 목적은 이처럼 정신적·육체적 효과만을 위한 것이 아니라 깨달음을 통하여 생사의 괴로움을 해탈하고 영원한 대자유인이 되기 위한 것이다.

부록

·

절 수행 체험기

예불대참회문 禮佛大懺悔文

절을 통해 찾은 새 삶

양현숙 | 가정주부

아침에 일어나서 맨 먼저 하는 것도 절, 절에 가서 주로 하는 것도 절, 나를 제일 행복하게 하는 것도 절. 절을 하다 보니 나는 사람들을 만나면 기회 있을 때마다 절은 왜 해야 하는지, 무엇이 좋은지, 삶을 어떻게 변화시키는지에 대해 얘기하는 사람이 되었다.

20여 년 전, 나는 양약 한약 구분 없이 모든 약을 입에 달고 살던 사람이었다. 딸아이 출산 후 산후조리에 실패하면서 심한 산후병에 걸려 몸이 아프기 시작했다. '이렇게까지 살아야 하나'라는 생각이 들 정도로 육체적으로 힘겨운 나날이 계속되던 때였다. 소중한 딸을 얻은 대가치고는 참으로 가혹했다. 몸이 건강하지 못하니 마음의 병까지 깊어져 별 일 아닌 것에도 쉽게 짜증내고 화를 내

곤 했다. 그러다 가까운 도반의 권유로 우연히 절모임에 참여하게 되었고, 그때부터 나는 절하는 삶을 살게 되었다.

'절이야 그냥 정성껏 하면 되지'라고 생각하던 나는 절하는 법부터 다시 배웠다. 처음 절을 할 때의 괴로움이 얼마나 컸던지 무릎 관절에서 '뚝! 뚝!' 하는 소리가 나고, 허리도 발가락도 부러져 나가는 듯했다. 그러나 오랜 세월 산후병에 시달려 몸과 마음이 지칠 대로 지친 나는 '나를 살리는 방법은 이것밖에 없다'는 마음으로 죽을 각오로 절 수행에 매달렸다. 절에서는 물론 집에서도 부지런히 절을 했고 3000배 철야 정진에도 계속 참여했다. 이렇게 시작된 절은 나의 몸과 마음을 완전히 바꾸어 놓았고 새 삶을 사는 결정적인 계기가 되었다.

절 수행 후 삶이 바뀌었다는 사람은 비단 나뿐만이 아니다. 오랜 지병을 고쳤다는 분들이나 마음의 평화를 찾았다는 분들, 절을 하면서 가정이 화목해지고 사회생활이 즐거워졌다는 분들도 많다. 처음 절을 할 때는 너무 힘들지만 그 과정만 넘기면 새로운 나를 발견하게 되는 것이 절 수행이다.

절 수행을 하면서 나는 우선 바른 자세를 가지게 되었다. 보통 중년으로 접어들면 관절 마디마디가 쑤셔오는 것은 물론이고 자세가 구부정해져서 걸음걸이가 매우 불안정해진다. 나 역시 몸이 오래 아팠던 탓에 자세가 바르지 않았으며, 그로 인해서 몸매가 매끄럽지 못하고 미워지기 시작했다. 그러나 전신을 사용하는 최고의 운동인 절을 시작하고부터는 따로 시간을 내어 운동을 하지 않아도 땀을 통해서 몸의 노폐물이 자연스럽게 빠져나가 피부가 고와지고 군살이 조금씩 빠지기 시작하더니 몸매도 자리를 잡아가기 시작하였다. 그리고 무엇보다도 20년 간 복용해온 '독극물'인 약에서 해방될 수 있었다.

그리고 어리석은 나를 낮추어 부처님 전에 고이 바치는 수행을 하니 만나는 모든 이들에게도 나를 낮추게 되었다. 내가 만나는 모든 이들이 다 부처님처럼 보이고, 그들을 대할 때마다 저절로 '하심'이 되는 것을 느낄 수 있었다. 나를 낮추고 다른 이들을 대하니 자연스럽게 타인과의 관계에서 오는 불편함이나 스트레스가 없었다. 가족은 물론 친구와 도반들까지 모든 인간관계가 원만해지니, 이것이 바로 절의 공덕이라는 생각이 들었다.

매일 일정한 시간에 절 수행을 꾸준히 하다 보니 나 자신을 홀로 대하는 시간이 늘었다. 외부의 관심사가 아니라 내부에 집중하게 되었고, 그것이 삶의 중심이 되니 자연스럽게 번뇌 망상을 하는 잡념의 시간이 줄어들어 머리가 시원하고 맑아졌다.

'수행만이 살 길이다'라는 믿음으로 자신에게 맞는 수행법을 절박하게 찾고 있는 사람들이 얼마나 많은가. 내게 그 믿음을 가장 크게 일어나게 하고 지속시켜준 것은 바로 절 수행이었다.

그리 길지 않은 인생에서 불교를 알게 된 것이 나의 가장 큰 복이고, 불교 수행법 중에서 나에게 더없이 잘 맞는 절을 접하고 그

큰 복을 많은 사람들에게 회향할 수 있게 된 것은 더 큰 복이라고 생각한다. 늘 기도하는 삶, 내게 일어나는 일체의 일을 부처님 전에 바치는 수행이 중심이 되는 삶, 그러한 삶을 위해 나는 늘 기도하고 어디에서나 절을 할 것이다.

절, 내 생활의 중심

박병규 | 중소기업 대표

아침 6시, 눈을 뜨면 거실에 마련된 원상 앞으로 가 향을 하나 사르고 〈예불대참회문〉을 외며 절을 한다. 매일 300배와 능엄주 3독으로 하루를 시작한 지 13년째. 회사에서도 별도로 마련한 기도실에서 틈틈이 절을 한다. 법회나 재가 있는 날은 아내와 함께 아침 일찍 장을 봐서 채소와 과일을 차에 싣고 절로 향한다. 이제 절을 빼놓고는 내 일상을 생각할 수 없게 되었다.

그러나 절을 만나기 전인 20여 년 전만 해도 나는 죽음의 고비를 넘나들던 간암 환자였다. 1980년 설 연휴, 나는 갑자기 심한 구역질로 병원에 옮겨졌다가 만성간염 판정을 받았다. 10년 공무원 생활을 접고 매제와 함께 공구상가에서 자영업을 막 시작하며 의욕에 차 있던 때였다. 어쩔 수 없이 사업을 접고 치료를 시작해 몸은 다시 안정을 찾아갔고, 다음 해에 나는 그동안 쌓인 치료비와 빚을 청산하기 위해 산업기계 납품과 수리를 담당하는 사업을 시작했다. 작은 사업이었지만 모든 것을 걸고 밤낮없이 일에 전념했다. 점점 커지는 일의 규모만큼 피로는 누적됐고 결국은 간염이 재발했다. 두 번째 판정은 간경화였고, 세 번째 판정은 간암이었다. 그리고 1988년 10월, 나는 육체적으로 사회적으로 사형 선고나 다름없는 악성 종양 진단을 받았다.

내 사업을 시작해 이제 어느 정도 자리를 잡아가며 모든 걸 쏟아 붓던 40대 초, 간 한복판에 동전만 한 구멍이 뚫려 있다는 사실은 내가 쌓아온 모든 것을 무너뜨리는 그야말로 절망의 소리였다.

그렇게 모든 것이 끝난 것 같은 절망의 시간만을 보내던 나는 친구 부친의 49재에 참석하기 위해 백련암을 찾게 되었다. 그리고 그것이 내 인생의 전환점이 되었다.

3재가 되던 날, 내 병고를 전해들은 한 스님께서 매일 300배와 능엄주 독송을 3년 간 해보라는 제안을 하셨다. 나는 지푸라기라도 잡는 심정으로 그 날부터 절을 시작했고 얼마 후 백련암을 다시 찾아 3000배 참회기도에 참여했다. 1500배 가까이 되자 모두들 암투병 중인 나를 말렸지만 마지막 힘까지 사른다는 마음으로 3000배를 마쳤다. 절을 마치고 인사를 하는데 나도 모르게 울음이 터져 나왔다. '부처님, 감사합니다. 부처님, 감사합니다.' 정신없이 달려왔던 40여 년의 삶, 병이 가져다준 몸과 마음의 고통, 아내의 마음을 아프게 했던 시간들, 지나간 모든 일에 대한 참회의 눈물이 흘러내렸다.

그 후 나는 매월 첫째, 셋째 토요일은 3000배 참회기도를 하고 매일 300배와 능엄주 3독을 꼬박 실천했다. 그렇게 기도와 수행, 보시바라밀을 실천한 지 3년이 흐르자 간의 구멍은 말끔히 사라졌다. 담당 의사도 깜짝 놀랐지만 나 자신은 정작 담담했다. 신심이 깊어지고 절하는 날이 늘어갈수록 변하는 몸을 스스로 느끼고 있었기 때문이다. 건강을 되찾으면서 사업도 다시 시작해 지금은 중소기업으로 발전했다. 새로운 사업 아이템 구상으로 하루하루가 더욱 바빠졌지만 변하지 않고 내 생활의 중심이 되는 것은 바로 수행이다.

언제부터인가 나는 주위에서 아픈 도반을 보면 절 수행을 권한다. 내가 절로 인해 살아난 장본인이기 때문이다. 자신의 욕심이 아닌 스스로 참회하는 마음으로, 또 남을 위하는 마음으로 절을 하다 보면 애써 구하지 않아도 복은 오게 된다. 나 자신의 절박함으로 시작한 절과 기도는 10여 년이 지난 지금 자연스럽게 남을 위한 발원으로 이어지고 있다. 남은 시간, 남은 인생에 더 열심히 수행하는 것, 지금은 그 마음뿐이다.

절을 통해 발견한 행복

대영암 | 초등학교 교사

3배 한 번 해본 적 없던 내가 절을 시작하게 된 것은 1996년 봄, 훗날 교사직을 버리고 비구니 스님이 된 동갑내기 교사를 만나면서부터였다. 한 사찰 수련회에서 매일 500배씩 했는데 참 좋았다는 그 친구의 얘기를 듣고 처음엔 운동한다는 생각으로 108배를 시작했다. 그리고 정확히 3주 후 절 횟수를 300배로 늘렸다. 하루 300배를 하고 부터 마음이 달라지는 것이 점점 느껴졌다. 그리고 몇 달 뒤, 나는 어느 새 하루에 1000배를 하고 있었다. 1년 간 1000배를 하면 몸도 마음도 건강하고 편안해질 거라는 확신이 들었고 그렇게 달라질 내 모습을 생각하며 1000배를 시작한 것이다.

'살을 베고 뼈를 갈아 시방제불 섬기옵고 불을 이고 팔을 끊어 모든 법문 통달하리라. 나를 위해 남 해치니 자나깨나 죄뿐이라' 는 참회문의 한 구절처럼 절을 하면서 무릎이 으깨지고 마음이 한없이 나약해질 때마다 나는 내가 찾아야 하는 내 마음자리를 생각하며 죽기 살기로 절에 매달렸다. 스님의 권유로 시작한 21일 동안의 3000배. 방학 중에는 아침 9시부터 저녁 6시까지 계절대학을 다녀야 했던 나는 새벽 3시에 일어나 아침 7시까지 4시간 동안 꼬박 절을 했다. 내가 왜 지금껏 이걸 모르고 살았을까. 절을 하면 할수록 한없이 눈물이 솟았다. 그리고 그동안의 모든 문제들이 나에게서 시작되었음이 뼈저리게 와 닿았다.

절을 하면서 내 몸과 마음은 확연히 변해갔다. 그동안 내게 삶은 그저 꿋꿋이 견디어 내야만 하는 어떤 것이었다. 찢어질 듯 가난한 생활이었고, 고등학교를 졸업할 무렵 사고로 아버지마저 돌아가셨다. 어렵게 간 교육대학. 그곳에서 8년 연상의 선배를 만나 스물 셋에 결혼했지만 음주운전 차량에 치여 남편은 몸도 마음도 만신창이가 되었다. 초등학교 임시교사 생활을 전전하다 임용고시에 합격해 다시 교사 생활을 시작했다. 하지만 시누이, 시어머니의 잇단 상과 함께 나 자신도 위경련으로 응급실로 실려 가는 일이 다반사였다.

그러나 나는 안다. 살아온 날들이 고통스럽지 않았다면 이 좋은 불법은 어떻게 만날 수 있었겠는가. 그 후 나는 온 마음으로 불교를 받아들였다. 큰스님들의 책도 부지런히 읽었고 집에서도 수련회에서도 가슴 밑바닥에서 올라오는 환희심으로 감사하고 또 감사하며 절을 했다. 절은 내 오랜 위경련을 말끔히 낫게 했을 뿐 아니라 마음 속 깊은 그늘까지도 조금씩 걷어갔다.

나는 절이 좋았고 이 좋은 절을 많은 사람들에게 알리고 싶었다. 그래서 아는 사람들에게 절을 많이 권유했다. 처음엔 냉담하던 남편도 매일 108배를 하기 시작했고, 아이들도 절에 따라와 3000배를 시작했다. 점차 함께 절하고자 하는 사람들이 모였고 그 사람들과 함께 매달 한 번씩 절에 가 3000배를 했다. 방학 중에는 좀 더 시간을 내 5000배 21일 기도, 7000배 21일 기도, 만배 21일 기도를 해나갔다.

그렇게 절을 하면서 나는 모든 것이 마음먹기에 달렸음을 확신했다. 원력은 자석과 같아서 그에 맞는 인연들을 끌어당겼고, 이제는 방학 때마다 내 아이들도, 가르치는 아이들도 모두 같이 절을 한다. 그리고 1999년 1월, 나는 다시 12년을 목표로 매일 3000배 정진에 들어갔다.

절은 온몸을 던져 자기를 비워내는 작업이다. 그 빈 자리에 지혜가 생긴다. 몸이 힘든 걸 두려워하면 안 된다. 몸이 자리를 잡으면 마음은 절로 자리가 잡히고 고요해진다. 그렇게 해서 마음이 한결같아질 때 참다운 행복을 발견할 수 있다. 절은 욕망에 이끌리는 우리의 삶이 꿈임을 깨닫게 해주는 수행이다.

새벽 4시, 오늘도 혼자 일어나 3000배로 하루를 시작한다. 수행은 여건이 아니라 마음이라는 것을 깨닫게 해준 절. 절망의 바닥에서 고통과 눈물과 참회를 거치며 나를 지탱하게 해준, 끝내는 나 자신을 확연히 바꾼 절. 이제는 온갖 유정 무정들의 성불을 위해 기도하고 또 기도하리라는 마음으로 절을 한다.

나는 오늘도 절을 한다

한경혜 | 한국화가

일곱 살이 되던 해 죽음의 문턱에서 지푸라기라도 잡는 심정으로 엄마의 손에 이끌려 무작정 찾아간 해인사 백련암. 한눈에 봐도 몸이 비정상이던 내게 성철 스님은 "하루에 1000배씩 절을 하라"고 말씀하셨다.

나의 뇌성마비 진단에 이은 부모님의 이혼과 극심한 가난. 한꺼번에 몰려온 불행으로 죽음 앞에 있던 우리 가족에게 스님은 "죽고 싶으면 죽어라. 그러나 그 마음으로 절을 해보라!" 하신 것이다.

비틀린 사지로 무너지듯 앉아서 머리가 바닥에 닿으면 일 배로 치며 그렇게 절을 시작했다. 초등학교 때부터 서른이 막 넘은 지금까지 하루도 빠짐없이 해온 하루 1000배. 산이 있어 산을 오른다는 말처럼 절을 해야 하기에 그저 절을 하며 절과 함께 자라고 성장한 시간이었다. 그러다 스무 살이 되던 1996년 2월, 나는 드디어 절 수행의 극한점이라고 하는, 내 인생을 바꾸어 놓은 만배 백일기도를 시작했다.

하루에 만 배를 하려면 네 시간 정도 자면서 그 외에는 일 분 일 초도 아껴가며 절만 해야 했다. 밤 12시에 시작해 4000배 가까이 되면 아침 6시, 아침을 간단히 먹고 11시 30분에 점심을 먹을 즈음이면 절은 7000배가량 하게 된다. 그러나 그때부터 남은 3000배는 말할 수 없이 고통스럽고 최대의 고비를 맞이한다. 상상을 뛰어넘는 처절한 육체의 통증과 함께 자꾸 나약해지려는 망념이 꿈틀댄다. 그때 나는 잠자는 네 시간조차 아파서 신음하며 물었다. 왜 이런 몸으로 태어나서 이렇게 죽을 듯이 절을 해야 하느냐고. 인간의 극한상황을 요구하는 기도를 통해 장애라는 내 운명에 정면으로 대면하고자 시작했던 나의 첫 만배 백일기도를 나는 그렇게 온몸으로, 온 마음으로 울부짖으며 했다. 차라리 죽겠다고 기도 중에 약을 먹었을 때에도, 형형색색의 구슬처럼 마장의 순간이 왔을 때에도 절을 끝까지 할 수 있도록 나를 일으켜준 엄마가 아니었다면 불가능했을 기도였다. 마지막 백일째, 엄마와 나는 멈추지 않는 눈물을 흘리며 새 생명의 의식처럼 맞절을 했다.

내게 있어 불교는, 그리고 절은 종교라기보다는 삶이다. 절을 통해 제각각 비틀리던 장애의 몸을 정상적으로 움직일 수 있게 되었고 절을 하면서 지능이 좋아져 학업을 성취할 수 있었다. 몸에 좌지우지되는 삶에서 벗어나기 위해서는 몸과 마음의 싸움인 절 수행만큼 탁월한 방법은 없다.

    첫 번째 만배 백일기도가 몸과 많이 부딪혔던 기도였다면 5개월 만에 다시 시작한 두 번째 만배 백일기도는 마음을 비운 절 그 자체였다. 첫 번째 못지않게 깨지고 부서질 듯한 고통의 연속이었지만 그저 내가 해야 하고 할 수 있는 것이라고는 절밖에 없으므로 부지런히 절만 하며 나를 낮추고자 했다. 통증이 올 때마다 나는 집중적으로 화두를 들었다. 그 후 세 번째 만배 백일정진에서는 화두를 들면서 절을 하기 시작하여 끝까지 회향하였다. 절을 하면서 화두를 드니 적적성성한 삼매를 체득할 수 있었다. 이 세 번의 만배 백일정진 과정을 거치면서 세상을 보는 나의 마음과 몸은 완전히 바뀌게 되었다.

    나는 오늘도 등산을 하는 심정으로 묵묵히 하루 1000배씩 절을 한다. 절을 하는 시간이 하루 중에서 가장 평화롭고, 가장 싱그럽고, 가장 생기 있는 나를 느끼는 시간이다. 어떤 상황에서든 최소한 108배씩 나누어서라도 한다. 그 정도도 못 할 날은 있을 수 없다. 내게는 생명과도 다름없는 절, 나는 오늘도 절을 하며 너무나 맑고 향기로운 세상을 본다.

예불대참회문禮佛大懺悔文

1. 대자비로 중생들을 어여삐 보셔
   대희대사 베푸시어 제도하시고
   수승하온 지혜덕상 장엄하시니
   저희들이 정성 다해 예배합니다. (1배)
2. 금강상사께 지심귀명 하옵니다. (1배)
3. 불법승 삼보님께 귀의하옵니다. (1배)
4. 제가 이제 발심하여 예배하옴은
   제 스스로 복 얻거나 천상에 나며
   성문 연각 보살 지위 구함 아니요.
   오직오직 최상승을 의지하옵고
   아뇩다라 보리심을 냄이오이다.
   원합노니 시방세계 모든 중생이
   다 같이 무상보리 얻어지이다. (1배)

5. 온 시방 허공세계 일체 부처님께 지심귀명 하옵니다. (1배)

6. 온 시방 허공세계 일체 법보께 지심귀명 하옵니다. (1배)

7. 온 시방 허공세계 일체 승보께 지심귀명 하옵니다. (1배)

8. 십호 구족하신 모든 부처님께 지심귀명 하옵니다. (1배)

9. 보광 부처님께 지심귀명 하옵니다. (1배)

10. 보명 부처님께 지심귀명 하옵니다. (1배)

11. 보정 부처님께 지심귀명 하옵니다. (1배)

12. 다마라발전단향 부처님께 지심귀명 하옵니다. (1배)

13. 전단광 부처님께 지심귀명 하옵니다. (1배)

14. 마니당 부처님께 지심귀명 하옵니다. (1배)

15. 환희장마니보적 부처님께 지심귀명 하옵니다. (1배)

16. 일체세간락견상 대정진 부처님께 지심귀명 하옵니다. (1배)

17. 마니당등광 부처님께 지심귀명 하옵니다. (1배)

18. 혜거조 부처님께 지심귀명 하옵니다. (1배)

19. 해덕광명 부처님께 지심귀명 하옵니다. (1배)

20. 금강뢰강보산금광 부처님께 지심귀명 하옵니다. (1배)

21. 대강정진용맹 부처님께 지심귀명 하옵니다. (1배)

22. 대비광 부처님께 지심귀명 하옵니다. (1배)

23. 자력왕 부처님께 지심귀명 하옵니다. (1배)

24. 자장 부처님께 지심귀명 하옵니다. (1배)

25. 전단굴장엄승 부처님께 지심귀명 하옵니다. (1배)

26. 현선수 부처님께 지심귀명 하옵니다.(1배)

27. 선의 부처님께 지심귀명 하옵니다.(1배)

28. 광장엄왕 부처님께 지심귀명 하옵니다.(1배)

29. 금화광 부처님께 지심귀명 하옵니다.(1배)

30. 보개조공자재력왕 부처님께 지심귀명 하옵니다.(1배)

31. 허공보화광 부처님께 지심귀명 하옵니다.(1배)

32. 유리장엄왕 부처님께 지심귀명 하옵니다.(1배)

33. 보현색신광 부처님께 지심귀명 하옵니다.(1배)

34. 부동지광 부처님께 지심귀명 하옵니다.(1배)

35. 항복중마왕 부처님께 지심귀명 하옵니다.(1배)

36. 재광명 부처님께 지심귀명 하옵니다.(1배)

37. 지혜승 부처님께 지심귀명 하옵니다.(1배)

38. 미륵선광 부처님께 지심귀명 하옵니다.(1배)

39. 선적월음묘존지왕 부처님께 지심귀명 하옵니다.(1배)

40. 세정광 부처님께 지심귀명 하옵니다.(1배)

41. 용종상존왕 부처님께 지심귀명 하옵니다.(1배)

42. 일월광 부처님께 지심귀명 하옵니다.(1배)

43. 일월주광 부처님께 지심귀명 하옵니다.(1배)

44. 혜당승왕 부처님께 지심귀명 하옵니다.(1배)

45. 사자후자재력왕 부처님께 지심귀명 하옵니다.(1배)

46. 묘음승 부처님께 지심귀명 하옵니다.(1배)

89. 선명칭공덕 부처님께 지심귀명 하옵니다.(1배)

90. 홍염제당왕 부처님께 지심귀명 하옵니다.(1배)

91. 선유보공덕 부처님께 지심귀명 하옵니다.(1배)

92. 투전승 부처님께 지심귀명 하옵니다.(1배)

93. 선유보 부처님께 지심귀명 하옵니다.(1배)

94. 주잡장엄공덕 부처님께 지심귀명 하옵니다.(1배)

95. 보화유보 부처님께 지심귀명 하옵니다.(1배)

96. 보련화선주사라수왕 부처님께 지심귀명 하옵니다.(1배)

97. 법계장신아미타 부처님께 지심귀명 하옵니다.(1배)

98. 모든 세계 이와 같은 제불세존은
어느 때나 중생들과 함께하시니
저희들을 이제 다시 살펴주소서.
저희들의 지난날을 생각하오면
이생으로 저생으로 그 먼생으로
시작 없는 옛적부터 내려오면서
가지가지 지은 죄가 한이 없으니
제 스스로 혼자서 짓기도 하고
다른 이를 시켜서 짓게도 하며
남이 하는 나쁜 짓 좋아하였고
탑 전이나 삼보도량 갖춘 물건도
승물이나 사방승물 가림이 없이

제 것인 양 함부로 갖기도 하고
다른 이를 시켜서 훔치었으며
상주물건 훔치기를 좋아하였고
무간지옥 떨어질 오역중죄도
제 스스로 혼자서 짓기도 하고
다른 이를 시켜서 짓게도 하며
남이 짓는 오역죄 좋아하였고
삼악도에 떨어질 십악죄행도
제 스스로 혼자서 짓기도 하고
다른 이를 시켜서 짓기도 하며
남이 짓는 십불선 좋아했으니
이와 같은 모든 죄가 태산 같으되
어떤 것은 지금에도 생각에 남고
어떤 것은 아득하여 알 수 없으나
알든 말든 지은 죄에 오는 과보는
지옥 아귀 축생도나 다른 악취나
변지하천 멸려차로 떨어지리니
제가 이제 정성 다해 부처님 전에
이와 같은 모든 죄장 참회합니다.(1배)

99. 이 자리를 함께하신 제불세존은
저희들의 온갖 일을 다 아시오니

대자비심 베푸시어 살펴주소서.
제가 다시 제불전에 아뢰옵니다.
저희들의 지나온 모든 생 중에
보시공덕 지었거나 경계를 갖되
축생에게 먹이 한 입 준 일로부터
청정범행 닦고 익힌 정행공덕과
중생들을 성취시킨 선근공덕도
무상보리 수행하온 수행공덕도
위 없는 큰 지혜의 모든 공덕도
일체를 함께 모아 요량하여서
남김없이 보리도에 회향하옵되
과거 미래 현재의 부처님께서
지으신 바 온갖 공덕 회향하듯이
저도 또한 그와 같이 회향합니다.
제가 이제 모든 죄장 참회하옵고
모든 복덕 남김없이 수희하오며
부처님을 청하온 공덕으로써
무상지혜 이뤄지길 원하옵니다.
과거 미래 현재의 부처님들은
시방세계 다함없는 중생들에게
가없고 한량없는 공덕바다이시니

제가 이제 목숨 바쳐 절하옵니다.(1배)

100. 가이없는 시방세계 그 가운데에
  과거 미래 현재의 부처님들께
  맑고 맑은 몸과 말과 마음을 기울여
  빠짐없이 두루두루 예경하옵되
  보현보살 행과 원의 위신력으로
  널리 일체 여래 전에 몸을 나투고
  한 몸 다시 찰진수효 몸을 나투어
  찰진수불 빠짐없이 예경합니다.(1배)

101. 일미진중 미진수효 부처님 계셔
  곳곳마다 많은 보살 모이시었고
  무진법계 미진에도 또한 그같이
  부처님이 충만하심 깊이 믿으며
  몸몸마다 한량없는 음성으로써
  다함없는 묘한 말씀 모두 내어서
  오는 세상 일체겁이 다할 때까지
  부처님의 깊은 공덕 찬탄합니다.(1배)

102. 아름답기 으뜸 가는 여러 꽃타래
  좋은 풍류 좋은 향수 좋은 일산들
  이와 같은 가장 좋은 장엄구로써
  시방삼세 부처님께 공양하오며

　　　 으뜸 가는 좋은 의복 좋은 향들과
　　　 가루 향과 꽂는 향과 등과 촛불의
　　　 낱낱것을 수미산의 높이로 모아
　　　 일체 여래 빠짐없이 공양하오며
　　　 넓고 크고 수승하온 이내 슬기로
　　　 시방삼세 부처님을 깊이 믿삽고
　　　 보현보살 행원력을 모두 기울여
　　　 일체 제불 빠짐없이 공양합니다.(1배)

103. 지난 세상 제가 지은 모든 악업은
　　　 무시이래 탐심 진심 어리석음이
　　　 몸과 말과 마음으로 지었음이라.
　　　 제가 이제 남김없이 참회합니다.(1배)

104. 시방세계 여러 종류 모든 중생과
　　　 성문연각 유학무학 여러 이승과
　　　 일체의 부처님과 모든 보살의
　　　 지니옵신 온갖 공덕 기뻐합니다.(1배)

105. 시방세계 계시옵는 세간등불과
　　　 가장 처음 보리도를 이루신 님께
　　　 위 없는 묘한 법문 설하시기를
　　　 제가 이제 지성 다해 권청합니다.(1배)

106. 부처님이 반열반에 들려 하시면

찰진겁을 이 세상에 계시오면서
　　　일체 중생 이락하게 살펴주시길
　　　있는 정성 기울여서 권청합니다.(1배)

107. 부처님을 예찬하고 공양한 복덕
　　　오래 계셔 법문하심 청하온 공덕
　　　기뻐하고 참회하온 온갖 선근을
　　　중생들과 보리도에 회향합니다.(1배)

108. 원합노니 수승하온 이 공덕으로
　　　위 없는 진법계에 회향하오며
　　　이치에도 일에도 막힘이 없고
　　　불법이고 세간이고 걸림이 없는
　　　삼보님과 삼매인의 공덕바다를
　　　제가 이제 남김없이 회향하오니
　　　모든 중생 몸과 말과 마음으로 지은 업장들
　　　잘못 보고 트집잡고 비방도 하고
　　　아와 법을 집착하여 망견을 내던
　　　모든 업장 남김없이 소멸되어서
　　　생각 생각 큰 지혜가 법계에 퍼져
　　　모든 중생 빠짐없이 건져지이다.
　　　허공계가 다하고 중생 다하고
　　　중생업이 다하고 번뇌 다함은

넓고 크고 가없어 한량없으니
저희들의 회향도 이뤄지이다.(1배)

나무 대행 보현보살(3번)

절.수.행.입.문

1판 1쇄 인쇄	2006년 8월 16일
1판 10쇄 펴냄	2019년 6월 10일

엮은이	대한불교조계종 교육원 불학연구소
발행인	정지현
편집인	박주혜
펴낸곳	(주)조계종출판사
사 진	계영석
삽 화	풍미화
출판등록	2007-000078호(2007. 04. 27.)
주 소	서울 종로구 삼봉로 81 두산위브파빌리온 230호
전 화	02-720-6107~9
팩 스	02-733-6708
E-mail	inyeon@buddhism.or.kr
구입문의	불교전문서점(www.jbbook.co.kr) 02-2031-2070~1

ⓒ 대한불교조계종 교육원, 2006
ISBN 89-86821-51-6 03220

- 책값은 뒤표지에 있습니다.
- (주)조계종출판사의 수익금은 포교·교육 기금으로 활용됩니다.